AF368043

N° 390

CHOIX DE CHANSONS

CHANTÉES PAR F. BEDEL.

LE CHAUFFEUR DE VIN.

Chaud, Chaud, chauffez-moi ça.
Plus de chimère et buvons à plein verre,
Chaud, Chaud, chauffez-mo -ça,
C'est le refrain que Bacchus nous laissa.
    Jamais de tristesse,
    Et buvons sans cesse,
    Puisque le bon vin
    Chasse le chagrin.
    En vidant bouteille,
    Je chante merveille,
    Car un bon vivant
    Doit dire en buvant :   Chaud, etc.

Laissons par derrière, L'affreuse misère, Pour
nous divertir A notre loisir. Dans son infortune,
la classe commune, Doit avec gaîté Toujours ré-
peter : Chaud, etc.

Tout près d'une tonne Où le vin bouillonne,
Toute la journée je bénis Noé ; J'imite Grégoire,
Chacun peut le croire, Puisque, comme lui, je
chante aujourd'hui : Chaud, etc.

Si dans la guinguette, Je suis en goguette,
Ma femme en courroux Me cherche partout.
Mon humeur joyeuse La rend furieuse, Mais
dans son dépit Bientôt je lui dis : Chaud, etc.

Chez l' marchand d'eau-de-vie Je passerai
ma vie Comme un bon luron Toujours sans façon. Quand le réchaud stable Dessus une table,
Je dis en entrant Versez vivement : Chaud, etc.

FRISE-POULET AUX ENFERS.

J'ai fait un songe cette nuit. Hélas! qu'il est
épouvantable! Au moment où on sonnait mi-
nuit, J'étais livré à tous les diables. Ils disaient
d'un commun accord : Comme des huissiers il
faut nous suivre. Qu'un homme est pauvre quand
il est mort ! Il n'a plus le moyen de vivre.

Ils m'ont apporté tout de bon Dans un bateau
qu'on n'aime guere, Car c'était la barque à Ca-
ron Qui voyageait sur la rivière. Le vent de nous
faisait un jeu, Dans la fumée on nous emporte.
Au bout d'une voûte de feu De l'enfer j'aperçus
la porte.

Pluton demande : Qui est là? C'est Frispoulet,
répond le diable, Ah ! dit-il, pourtant te voilà ,
Toi qui nous contais tant de fables, Sur la terre
on se fait un sort Entre l'amour et la toue, Tous
les farceurs, après leur mort , Ils seront brûlés
tout en vie.

La porte s'ouvre Ah ! quelle horreur De voir
tous les tourmens infâmes Que les démons avec
fureur Font souffrir à toutes les âmes. De loin je
vis un vieux barbon Qui brûlait entre quatre gril-
les Les usuriers et les fripons Sur un brasier tous
se tortilles.

Les hurlemens des diablotins , Le tonnerre et
le bruit des chaînes, Faisaient trembler les sou-
terrains Où l'on endure tant de peines. Près de
moi vient un marmouset, Avec un fer à papil-
lotte, Qui me frise, et comme un poulet On allait me mettre en compote.

De peur je m'éveille en sursaut , Ah ! Messieurs pourriez-vous le croire? De mon lit je n'ai
fait qu'un saut Pour aller conter mon histoire,
Chacun me dit : Tu as menti Et tu nous casses
la cervelle. Je ne suis pas cru, mais j'étais cuit,
Si la chose eut été réelle.

L'enfer pour les mauvais sujets , A des flammes toujours nouvelles. Ils seront brûlés a jamais , Pécheurs endurcis et rebelles. Je dis,
comment peut-il se faire Qu'il brûle toujours
sans se détruire ? C'est que tous ceux qui vont
en enfer Sont tous, mon cher, des dur-à-cuire.

L'ANGLAIS MÉLOMANE.

La miosique anglais je vous assure.
Il vaut bien le musique français.
Nous, au meins, nous chantons en mesure,
Et vous arrivez toujours après ;
Vous navez pas de gai é d'accent d'originalité,
Nous, au contra re, assurement, nous en avons
(infiniment.

Parlé. — Écoutez ce petit chanson, mosseu.

Refrain : Ô ! mydear, oh! mydear, Jenny,
    Isa lit le gueml. (4 fois.)
      Veri préty, din don, din, don, di, di.
    Ce peyti chef-d'œuvre de msiosique,
    Sait exprimer tout le sentiment;
    Car si vous demandez d'ou tragique,
    Soudain il en fournit les accents
Si vous aimez le gaité, le piquante vivacité,
Jamais l'Italie n'a chanté avec ce volubi ité.
Parlé. — Écoutez, Mossen, le petit chanson :
T us vos airs d'amour et de tendresse,
Franchement il m'ennuyent à l'exrès ;
Pour huit jours je suis dans la tristesse,
Quand j'enten ls un romance français.
Mon Dieu! q e c'est ennuyeux,
C'est endormant, c'est fastidieux ;
Tous ces bosquets, tous ces oiseaux,
Tous ces gazons, tous les troupeaux.
Parlé. — Franchement, pouvez-vous comparer
ces stupid tés avec cette délicieuse production?
Oh! etc.
Dans le genre noble, qué répondre
Au Gou save, à ce chant immortel ?
Si Hendel, il n'est pas né dans Londres,
Il s'n spira sous notre beau ciel.
Comme il enfonce Grety, Auber, Bey-el-dieu, et
jé dis.

Oui, si vous dite un mot, jé di comme il enfonce
Rossini.

Parlé. Ce petit moqueur de Mossen Rossini a-t-
il jamais.... enfante quelque chose de simple et
de naturel, comme cette ravissante mélodie de
notre grand Hendel.
Écoutez plutôt Mosseu le petit chanson. Oh! etc.

LOU CHARLATAN EN FIERO.

Air: *Un apotiquèro maussado.*

REFRAIN.

Bénès biste croumpa
Ma poumado,
Es en renoumado;
Podi bous assura
Que sarés garit douma.

Approuchas de ma boituro Se boulès sabé
moun noun, Sey lou Jean Bouno-Abantoro.
L'homme de réputation; Sey médéci de nature,
Lou fil Baou-sans-Besoun.

S'un mal de cat bous empougno, Meten n'en
sur un martel, Truca-bous ferme la trougno. Es
ta dous coumo de mel : Aco fay toumba la trougno, Méjouro après cincal l'el.

S'un mal d'aoureillo bous quito, Sourdas coumo un biel cadut, Métès bous-y tout dé suito
Miey quart de ploun bien foundut, Sarés garit
per la bito; et aourés tout entendut.

Sabias la gouto séréno, Moun rémèdi sans pareil, On s'enfounço un o léséno Din la prunello
de lel, Lendoumà poudès sans péno Dire sem-
bli Cassanel.

S'uno coulico bous singlo, Coumo arribo bien
souben : Métrés dins une séringlo Dios liouros
doli bullien : Beirez coumo aco bous singlo Ta-
leou qu'es dintrat dédens.

S'un cor per trop bous alasso, On dion quitte
lou souillé. Apey, dan une pigasso, Cougna l'ar-
tel ras del pé; Courès bisté prène plasso, Qui
bol estré lou prumé.

Courès, anen, anen, anen, Ma poumado Es en
rénoumado, Plaguès pas bostro pas bostrés ar-
gen, sarit garit per lounten.

Bordeàux. Imp. Causserouge rue des Trois-
Conils, 46.

CHOIX DE CHANSONS

CHANTÉES PAR F. BEDEL.

LE CHAUFFEUR DE VIN.

Chaud, chaud, chauffez-moi ça,
Plus de chimère et buvons à plein verre,
Chaud, chaud, chauffez-moi ça,
C'est le refrain que Bacchus nous laissa.

Jamais de tristesse,
Et buvons sans cesse,
Puisque le bon vin
Chasse le chagrin;
En vidant bouteille,
Je chante merveille,
Car un bon vivant
Doit dire en buvant :

Chaud, chaud, etc,

Laissons par derrière, L'affreuse misère, Pour
nous divertir A notre loisir. Dans son infortune,
La classe commune Doit avec gaîté Toujours répéter : Chaud, etc.

Tout près d'une tonne Où le vin bouillonne,
Toute la journée Je bénis Noé ; J'imite Grégoire
Chacun peut le croire, Puisque, comme lui, Je
chante aujourd'hui : Chaud, etc.

Si dans la guinguette, Je suis en goguette.
Ma femme en courroux Me cherche partout. Mon
humeur joyeuse La rend furieuse, Mais dans son
dépit Bientôt je lui dis : Chaud, etc.

Chez l' marchand d'eau-de-vie Je passerai ma
vie Comme un bon luron Toujours sans façon.
Quand le réchaud stable Dessus une table, Je
dis en entrant Versez vivement : Chaud, etc.

MARIE.

O dis moi, douce Marie,
N'es-tu pas la plus jolie
Des reines de la prairie
Qui passe en chantant le soir ?
Ton sourire,
Qu'on admire
Ton tendre cœur qui soupire
Dans la pleine,
O ma reine,
Je voudrais toujours te voir,

J'ai parcouru l'Italie,
L'Allemagne et la Russie.
J'ai vu la fille du roi,
Qui n'est pas si bien que toi.

O dis moi, etc.

Oui, j'ai visité la France,
J'ai vu la riche Provence,
Et du midi jusqu'au Nord
Je n'ai vu pareil trésor !

O dis moi, etc,

J'ai vu notre Normandie,
J'ai vu nos îles fleuries,
J'ai vu nos bosquets en fleurs
Rien ne sourit à mon cœur.

O dis moi, etc.

LES FEUILLES MORTES.

Mes jours sont condamnés, je vais quitter la terre
Il faut vous dire adieu, sans espoir de retour;
Vous qui pleurez, hélas! bel ange tutélaire,
Laissez tomber sur moi vos doux regards d'amour
Du céleste séjour entr'ouvez-moi les portes,
Et du maître éternel pour adoucir la loi.

Quand vous verrez tomber les feuilles mortes,
Si vous m'avez aimé, vous prierez Dieu pour moi

Oui le premier printemps va fleurir sur ma tombe
Et ce jour qui m'éclaire est mon dernier soleil,
Oui des arbres jaunis chaque feuille qui tombe,
Me montre du trépas le lugubre appareil.
Oui des oiseaux du ciel les légères cohortes,
Chanteront dans les airs sans causer mon effroie
Quand, etc.

Sans vous, sans votre amour, je quitterais la vie,
Sans y rien regretter, comme un séjour de deuil
Aux chagrins, aux revers, ma jeunesse asservie
Voit la mort comme un phare et non comme un
écueil)
Mais j'ai, par vos doux soins, des douleurs les
plus fortes.)
Bravé les traits cruels sans trouble et sans effroi
Quand, etc.

LA DANSOMANIE.

De Terpsychore je suis l'émule
Pour moi la danse a des attraits.
Je puis même sans préambule
Passer entrechats, ricochets.   (bis.)
D'ardeur pour la valse, je dévore,
Pour le quadrille je vais encore.

Ba, ba, ba, balancez-vous donc,
Larira, larira, don daine
Ba, ba, ba, balancez-vous donc
Larira, larira, don don.

Quand vient la fête du village
A la ferme comme au château,
Jeunes fillettes au blanc corsage
Dansent le quadrille le plus beau.
Alors j'aime sur la coudrette
Batifoler, jouer en cachette
    Ba, ba, ba, etc.

Vite à la danse je m'empresse ;
J'ai le pied leste et l'œil malin.
Faut voir comme dans mes bras je presse,
La jeune fille au corps lutin,
Puis ensuite sous le vers feuillage,
Chacun comprend le badinage.   Ba, etc.

LEVÉE EN MASSE DE 300,000 FILLES.

Depuis 18 jusqu'à 30 ans.

Air : *Écoutez, écoutez.*

Refrain. Oui, vraiment, c'est charmant,
Depuis dix-huit jusqu'à trente,
On veut des bataillons
De régiments en jupons.

Pour voltigeurs, nous aurons les lingères
Les couturières seront dans les chasseurs ,
Car, pour former la cavalerie légère ;
Ces beautés-là montreront leur valeur. Oui , etc

L'on a choisi les grosses jardinières
Par leur courage pour nos vaillants dragons ;
Pour cuirassiers les grosses poissonnières.
Oh ! Dieu de Dieu ! comme elles manœuvreront.

Les dentellières et nos belles gantières,
Dans les hussards se dresseront crânement,
Et pour sapeurs nous aurons les fruitières,
Elles formeront un joli régiment. Oui, etc.

En canonniers nos grosses boulangères,
Aux ennemis feront un drôle de jeu
Les repasseuses, aussi les cuisinières,
En combattant ne craindront pas le feu.   Oui.

Pour manier adroitement la carabine,
On va choisir les marchandes de vin
Les grosses fermières, les marchandes de mous-
                                        (seline)
Avec les rentières, seront dans le train.   Oui.

BORDEAUX.
Imprimerie Causserouge, rue des Trois-Conils,
48.

CHOIX DE CHANSONS

CHANTÉES PAR M. LARCHER.

LE ROYAL TAMBOUR.

Je suis royal tambour, j'aime ma pomponnette
Dont la main si coquette me mène à la baguette,
A la baguette comme on fait au royal séjour.
 Aussi ma pomponnette
 Ma pomponnette
 Est ma Pompadour,
Ma pomponnette, c'est ma Pompadour,
Oui, c'est la Pompadour du royal tambour.

 Frais carmin sur la bouche,
 Poudre dans les cheveux,
 Sur la joue une mouche
 Moins noire que ses yeux ;
 Une taille qui penche,
 Légère et sans effort,
 Une main douce et blanche,
 Petite et frappant fort. — Ah ! je suis, etc.

 OEil qui vous assassine,
 Sans remords, sans pitié,
 Un pied qui, certes en Chine,
 Serait un petit pié.
 Un vrai cœur de tigresse,
 Qui, ne plaisantant pas,
 Par excès de tendresse,
 Me met toujours au pas.., — Ah ! je suis.

 Pour toi, viennent lui dire
 Les galants de la cour,
 Nous souffrons le martyre ,
 Et nous mourrons d'amour !
 Des galants, la cruelle
 N'entend pas les discours,
 Mais moi tambour fidèle
 Elle m'entend toujours. — Ah , je suis.

DON CÉSAR DE BAZAN.

REFRAIN.

Soldat et gentilhomme,
Poète et courtisan,
Partout on me renomme
Vrai Dieu ! car je me nomme   (bis.)
Don César de Bazan.

Je suis coureur de mascarades
De galas et de carousels ;
Je sais des jours les plus maussades
Faire des printemps éternels.
Je sais l'art des riches fredaines
Sans rentes et sans tenanciers,
Et compte gaînent par centaines
Mes plaisirs et mes créanciers.
Tra la la la la etc.

Grace à ma valeur sans pareille,
A mon esprit toujours fécond,
Je sais triompher à merveille
Des beautés de chaque balcon ;
Et sous les mauresques arcades
Quand la nuit ramène l'espoir,
Je vais mener les sérénades
Et mourir d'amour chaque soir.
Tra la la la la etc.

Vivent ces beaux jours de folie
Qui m'ont versé leur doux poison,
Que toujours à la plus jolie
Vole mon cœur et ma chanson ;
Et quand un jour la destinée
Viendra m'arrêter en chemin,
J'aurai bien rempli ma journée,
Et je redirai mon refrain.
Tra la la la la etc.

LE PONT D'ANGERS.

Braves soldats de la garde civique,
Du vaillant onzième léger
Sous le ciel brûlant de l'Afrique
Allaient combattre l'étranger.   (bis.)

Ivres d'orgueil et d'espérance,
Fiers de leur belliqueux destin,
Ils quittaient le sol de la France,
En frappant l'air de gais refrains.   (bis.

Refrain.

Honneur aux martyrs de la gloire,
Honneur à ces jeunes héros,
Qui s'élançaient à la victoire,   (bis.
Pour expirer au sein des flots.

Arrivés sur les bords du Maine,
Qui roule son onde en hurlant,
Nos guerriers doivent, hors d'haleine,
Le franchir sur un pont volant !
En vain la foudre et la tempête
Éclate, gronde sur leurs pas,
Il faut marcher et rien n'arrête
L'ardeur de nos jeunes soldats.
Honneur etc.

Au bruit de l'orage en furie,
Au fracas du sombre élément,
S'unissait la mâle harmonie
Du brave et joyeux régiment.
Soudain, d'horreur, tableau sublime,
Que de cyprès pour nos lauriers !
Le pont se brise, et dans l'abîme
Disparaissent tous nos guerriers.
Honneur etc.

Bientôt d'un héroïque zèle,
Le peuple est ému, transporté,
On se recueille, on s'appelle,
On s'immole à l'humanité !
Parmi les vagues en furie,
Marins, citoyens, artisans,
Se plongent avec frénésie
Et cherchent nos guerriers mourants !
Honneur etc.

Ah ! combien de traits magnanimes !
Éclairent ce funeste jour ;
Mais aussi combien de victimes,
Combien de larmes en retour !
Combien de fils n'ont plus de père,

Combien de veuves chaque soir !
Combien de sœurs perdent un frère,
Et de familles leur espoir.
Honneur etc.

Citoyens des rives du Maine,
De l'Anjou, valheureux enfants,
Vos noms aux plages de la Seine
Ont volé sur l'aile des vents !
Pour nous, fils de la métropole,
Imitant votre noble ardeur,
Nous courrons jeter notre obole,
En déplorant votre malheur.
Honneur etc.

Alphonse DOURLANT.

LE JUGEMENT DE SALOMON.

Je n'ai pas connu ce monarque
Que l'on appelait Salomon,
C'est un fait, mais je déclare
Que j'ai de lui bonne opinion.
Il paraît qu'avec politesse,
Il recevait tout le monde également,
Et que son jugement généralement
Était cité pour sa sagesse
Dans tout son arrondissement.

Il paraît donc que ce brave homme,
Qui n'aimait point les avocats,
Jugeait lui-même dans son royaume
Tous les procès, tous les débats,
Moi je vous dis je n'ai pas vu la chose,
Mais je la tiens de mon cousin Grelu,
Il a bien vu, bien entendu,
Feu Salomon juger une cause
Que le gagnant n'a pas perdu.

Il paraît qu'une satanée nourrice
S'était chargée de deux petits enfants,
Pour en tirer plus de bénéfice
Le tout à l'insçu des parents.
Y'là-t-il qu'une affreuse grenouille,
Sans rien dire à nos deux bambins,
Sort des bassins qui en étaient pleins,

Et vous avale comme une semouille,
Un de ces pauvres petits chérubins.

La nourrice qui est très-mensongère
Imagine alors ce moyen ;
C'est de montrer à chaque mère,
L'enfant qui reste, comme étant le sien.
Ça va bien, mais v'là que les deux femmes
Un beau jour arrivent en même temps,
— C'est mon enfant. — Non pas, vraiment,
Quad elles ont bien jeté feu et flamme,
Elles se trouvent mal pendant quelqu'temps.

Ne pouvant rien tirer de la nourrice,
Qui se disait mon compte est bon ;
Elles en appellent à la justice
Du vénérable Salomon.
V'là chaque mère alors qui jacasse :
Rendez-moi mon enfant, c'est le mien.
Très-bien, très-bien, je n'y comprends rien
Se dit ce magistrat sagace,
Comment trancher ce nœud gordien.

Huissiers, dit-il, faites faire silence,
Appelez un garde municipal,
Puis, à ce brave qui s'avance,
Il dit : tirez votre bancal,
Empoignez ce môme en litige,
Et fendez-le par le milieu.
Allons, morbleu, tel est mon vœu,
Que chaque mère ici transige,
A chacune j'en donne un peu.

Ça va, s'écrie la fausse mère,
J'aime mieux la moitié que pas du tout,
D'ailleurs, c'est tout le portrait de son père,
Cet enfant promet d'être laid comme tout.
La vraie mère à ces mots le conjure,
En disant : ne coupez pas l'enfant,
Juge puissant, en admettant
Que vous me donniez la bonne mesure
Ce serait encore peu régalant.

Salomon dit, à cette mère tendre,
Vous tenez à conserver ses jours.
C'est vous la mère, on va vous le rendre
Et puis il fit ce petit discours :

Vous voyez le danger des nourrices,
Il vaut mieux élever votre rejeton
Au biberon, c'est encore bon
De le faire nourrir par des génisses,
Ou simplement de soupe à l'oignon.

BIENTOT.

Pierre, pour marcher au combat,
Quittait sa paisible vallée ;
Berthe s'attachant à ses pas
Disait d'une voix désolée :   (bis)
Reste, prends pitié de mes pleurs ;
Ce n'est pas vivre que d'attendre.
Que deviendrai-je si tu meurs ?
Sa voix répondit fière et tendre :

  Je reviendrai bientôt, bientôt,
  Des Frontières de la patrie,
  Plus digne de ta main chérie.   (bis)
  Et Berthe retint ces deux mots :
  Bientôt, bientôt ! Ah! bientôt!

Sans cesse son cœur inquiet
Suivait la marche de l'armée ;
Son oreille avide épiait
Tous les bruits de la renommée.
Ils sont vainqueurs; mais au retour
Bien peu reverront leurs chaumières,
Et lui reviendra-t-il un jour?
Oh! oui! car il m'a dit naguère :
  Je reviendrai bientôt, etc.

Lorsqu'avec les drapeaux conquis
Vint une troupe mutilée,
Remplir de merveilleux récits
Les heures de longues veillées,
Un soldat dit qu'au champ d'honneur.
En brave avait succombé Pierre,
Et Berthe disait en son cœur,
Frisé par la douleur amère :

Pierre j'irai bientôt, bientôt,
Au ciel, ta nouvelle patrie,
Presser encor ta main chérie. (bis.)
Elle est morte en disant ces mots
Bientôt ! bientôt ! ah! bientôt.

PRENDS GARDE A TON COEUR.

ELLE.

Pourquoi donc lorsque je passe,
Pourquoi lèves-tu les yeux ?
Sans que ton regard se lasse,
Pourquoi me suivre en tous lieux ?

LUI.

C'est qu'un charme, ô jeune fille,
Attire a toi les amours,
Partout où la beauté brille
Mes yeux la suivent toujours !

ELLE.

Ah ! prends garde à toi,
Prends garde à ton cœur !
Il pourra, crois-moi,
T'arriver malheur.

LUI.

Oui, je te regarde,
Et j'ai du bonheur !...

ELLE.

Ah ! tant pis pour toi,
S'il t'advient malheur.
Je t'avertis, moi,
Prends garde à ton cœur.
Tu négliges ton ouvrage ;
Car, si tu travaillais mieux,
Pourrais-tu de mon passage
T'apercevoir, paresseux ?

LUI.

Et toi, tournant moins la tête,
Toi, si tu doublais le pas,
Pourrais-tu savoir, coquette,
Si je ne travaille pas ?

ELLE.

Ah ! prends garde à toi etc.
Si tu me suis davantage,
Ah ! pour tes yeux noirs je crains ;
Tu deviendras, quel dommage !
Aveugle, hélas ! un matin.

LUI.

Et toi, ce qui m'inquiète,
C'est que ton cou si joli,
En tournant toujours la tête,

Peut prendre un torticolis !
Oui, un torticolis.

ELLE.

Ah ! prends garde à toi,
Prends garde à ton cœur !
Il pourra, crois-moi,
T'arriver malheur.

LUI.

Oui, je te regarde,

ELLE.

Imprudente, prends garde,

LUI.

Oui je te regarde,
Et j'ai du bonheur;
Car je ne crains rien,
Rien qu'un seul malheur,
C'est de ne pouvoir
Me gagner ton cœur.

LA SORCIÈRE.

Le bâton blanc de la vieille Négresse
Au bananier un soir se balançait,
Et d'un enfant endormant la jeunesse,
La vieille femme en tremblant répétait:
J'ai prononcé les paroles mystiques
Et sur le sable auprès du grand palmier,
Mon doigt traça les signes symboliques,
Mon petit Nègre, endors-toi sans pleurer.

Parmis les fils de la pleine brûlante,
Tu brilleras, fils du sable mouvant,
Parmis les beaux de la peuplade errante
Tu seras beau comme un soleil levant.
Tu porteras la lance de la guerre
Et l'arc de fer pour combattre et chasser,
Tu seras chef de la tribu guerrière,
Mon petit Nègre, endors-toi sans pleurer.

Mais à ton cou je suspends l'alumette,
Vrai talisman qui protège toujours,
Et pour adieu j'imprime sur ta tête
Le saint baiser qui donne de longs jours.
Ainsi chanta la vieille décrépite,
Et sur le Nègre elle vient se pencher;
Quand elle eut fait sa caresse maudite
L'enfant dormit pour ne plus s'éveiller.

4

LES LOUIS D'OR.

Un soir le long de la rivière,
Sous l'ombre des noirs peupliers,
Près du moulin de la meunière
Passait un homme de six pieds;
Il avait la moustache grise,
Le chapeau rond, le manteau bleu;
Dans ses cheveux soufflait la brise,
C'était le diable ou le bon Dieu.
Sa voix qui sonnait comme un cuivre,
Et qui rendait le son du cor,
Me dit : « Au bois il faut me suivre,
« Je te promets cent louis d'or ! »

Je le suivis sans résistance,
Par son œil rouge ensorcelé;
Il m'aurait montré la potence,
Que je n'aurais pas reculé;
Il marchait plus vite qu'un lièvre
Et n'avait pas l'air de courir;
La frayeur me donnait la fièvre,
Je croyais que j'allais mourir.
Mais lui pour me faire revivre,
Disait, rendant le son du cor :
« Au fond des bois il faut me suivre,
« Je te promets cent louis d'or ! »

Au fond des bois nous arrivâmes;
Il faisait nuit. Les arbres verts
Jetaient dans l'air de vertes flammes,
Je crus entrer dans les enfers;
Je vois un éclair effroyable
Défiguré mon inconnu :
Holà ! je reconnais le diable
A sa queue, à son front..... cornu ;
Il me fait voir ouvert un livre
Où rien n'était écrit encor,
Et me dit de sa voix de cuivre :
« Veux-tu gagner cent louis d'or ! »

Jure ton sang, jure ton âme,
Jure le diable et jure Dieu
Que tu n'épouseras pas de femme,
Ni du hameau ni d'autre lieu,
Au moins avant ta quarantaine,

Et q'uon te verras tous les jours
Courir de fredaine en fredaine,
Sans te fixer dans tes amours.
Quand sa griffe eut rougi le livre
Sa voix résonna comme un cor ;
Il me dit : « Signe et je te livre
« En or sonnant, cent louis d'or ! »

Au lieu de signer sur la page
Où le diable avait mis ses doigts,
Je songeai qu'il était plus sage
De faire un grand signe de croix.
Le diable partit en fumée,
Et je fus transporté soudain
Chez ma meunière bien aimée ;
Dans une chambre du moulin,
Elle disait : Tiens, je te livre
Mon cœur, mon moulin, mon trésor ;
Elle avait en gros sous de cuivre
La belle avait cent louis d'or !

L'HOMME BLASÉ.

Air : *J'arrive à pied de province*, ou : *Quel cochon d'enfant*.

Jusqu'à son heure dernière
    L'homme cherche toujours.
La plus joyeuse manière
    De passer ses jours.
J' crois qu' j'ai trouvé la meilleure
    Car sans m' faire prier,
J' m'en vas toujours un quart d'heure
    Avant d' m'ennuyer.

Qu'un sot s' présente ou j'habite,
    J' suis déjà parti ;
Quand l' médecin m' rend sa visite
    J' suis toujours sorti.
Si j'attends de ma demeure
    Quelque créancier,
J' m'en vas, etc.

D'être l'amant d'une belle,
    Si j'ai quelqu'espoir,

On est sûr de m' voir chez elle
  Du matin au soir.
Mais si par raison majeure
  Elle tient à s' marier,
J' m'en vas, etc.

Qu'une dame dans une romance,
  D'un ton larmoyant,
Nous chant' les malheurs d'Hortense
  Et de son amant.
Que'qu' ça me fait que la princesse meure
  Pour son chevalier,
J' m'en vas, etc.

Un soldat d'infanterie,
  Flambant fantassin
Me parle de l'Algérie
  En lorgnant mon vin.
Ta carrotte est supérieure,
  Mais mon vieux troupier
J' m'en vas, etc.

On doit entendre de Blaise
  Un récit nouveau :
Quand chacun prend une chaise,
  Moi j' prends mon chapeau ;
Sitôt qu'il braille ou qu'il pleure,
  J'enfile l'escalier.
J' m'en vas, etc.

J'ai la garde citoyenne
  En grande affection,
Mais j' n'aime pas trop qu'mon tour vienne
  D'aller en faction.
Pour la promenade extérieure,
  Je suis trop peu guerrier.
J' m'en vas, etc.

Dès qu'un poète nous chante l'aurore,
  Vous me voyez filer ;
Sitôt qu'un savant pérore,
  J' voudrais m'en aller.
Le tombeau dont on nous leurre
  N' peut pas m'effrayer,
Pourvu que j'y aille un quart d'heure
  Avant d' m'ennuyer.

MARIE.

PAROLES DE M. LOUIS ABARIE.

O dis-moi, douce Marie,
N'es-tu pas la plus jolie
Des reines de la prairie,
Qui passe en chantant le soir.

Ton sourire,
Qu'on admire,
Ton tendre cœur qui soupire,
Dans la plaine,
O ma reine,
Je voudrais toujours te voir.

J'ai parconru l'Italie,
L'Allemagne et la Russie.
J'ai vu la fille du roi,
Qui n'est pas si bien que toi.
O dis-moi, etc,

Oui, j'ai visité la France,
J'ai vu la riche Provence,
Et du Midi jusqu'au Nord
Je n'ai vu pareil trésor !
O dis-moi, etc,

J'ai vu notre Normandie,
J'ai vu vos îles fleuries,
J'ai vu nos bosquets en fleurs
Rien ne sourit à mon cœur.
O dis-moi, etc.

BORDEAUX.

Impri. de Caosserouge, rue des Trois-Conils, 46.

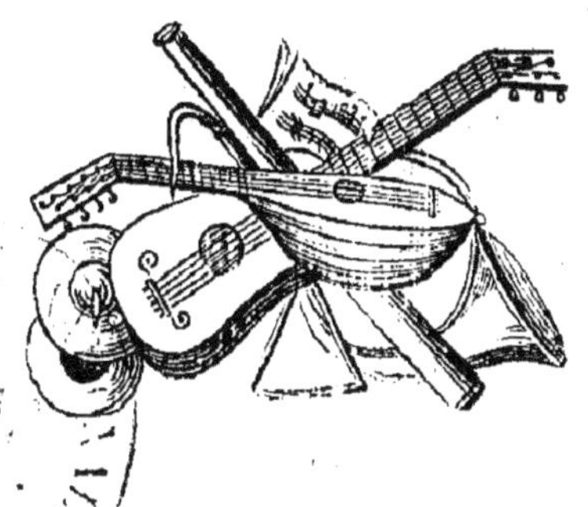

CHOIX DE CHANSONS

CHANTÉES PAR MARIE MOURAT.

MARIE.

PAROLES DE M. LOUIS ABALIE.

O dis-moi, douce Marie,
N'es-tu pas la plus jolie
Des reines de la prairie,
Qui passent en chantant le soir.

    Ton sourire
    Qu'on admire,
Ton tendre cœur qui soupire,
    Dans la plaine,
    O ma reine,
Je voudrais toujours te voir.

J'ai parcouru l'Italie,
L'Allemagne et la Russie,
J'ai vu la fille du roi,
Qui n'est pas si bien que toi
    O dis-moi, etc.

1

Oui , j'ai visité la France ,
J'ai vu la riche Provence ,
Et du midi jusqu'au nord
Je n'ai vu pareil trésor.
    O dis-moi , etc.

J'ai vu notre Normandie ,
J'ai vu nos îles fleuries ,
J'ai vu nos bosquets en fleurs ;
Rien ne sourit à mon cœur.
    O dis-moi , etc.

ADIEU ZOÉ.

Adieu Zoé , l'aurore matinale
Blanchit déjà le sommet des coteaux :
L'encens des fleurs en doux parfums s'exhale ,
Tout m'avertit de quitter le hameau.
Malgré mes vœux ma barque fugitive ,
Vers l'autre bord m'aura bientôt porté ;
Mais le jour vient , il faut quitter la rive ,
    Adieu Zoé.   (bis).

Tiens , reste là sur le bord du rivage ,
Un frais léger t'offrira mes désirs ,
Et mes baisers resteront au passage
Le frais charmant embellit le plaisir ;
Tu m'entendras encore dans mon délire
Troubler l'écho d'alentour répéter :
Écoute bien il viendra te le dire ,
    Adieu Zoé.   (bis).

Alors déjà sur la vague écumante
L'amant voguait sans redouter le sort ;
Un bruit confus toucha sa voix tremblante
Au chant d'amour succède un chant de mort.
La foudre éclate , mais sans que son ame
Perde le prix que le ciel a frappé :
Car de sa bouche il semble dire encore :
    Adieu Zoé.   (bis).

LA CONSIGNE.

Sur le pont Louis un jeune militaire
Certaine nuit était en faction ,
Quand se présente un groupe téméraire,
Où se trouvait le grand Napoléon ,
Qui , s'approchant de la sentinelle ,
Entend crier : — Qui vive ! halte-là !
Eloignez-vous , car ma consigne est telle ,
Eloignez-vous , vous ne passerez pas. *Bis.*

Il s'approcha , le père de la France ,
En lui disant : — Ne pourrai-je passer ;
Regarde-moi , recule à ma présence,
Reconnais donc un général anglais.
— Non , non , dit-il d'une voix redoutable ,
Retirez-vous , vous ne passerez pas ;
Soyez Anglais , soyez même le diable ,
Retirez-vous , vous ne passerez pas.

Napoléon se voyant sans ressources ;
— Tiens , de l'argent, laisse-moi passer,
— Non , non , dit-il retirez votre bourse ,
L'argent n'est rien pour un soldat Français ,
Dans mon hameau je labourais la terre ,
Dans mon hameau je gardais les brebis ;
Mais à présent que je suis militaire ,
Je veux rester fidèle à mon pays.

Napoléon dit à ses compagnons :
— Désarmons-le puisque c'est un Français ;
Dépouillons-le , après nous le pendrons ,
S'il ne veut pas nous laisser passer.
— Je suis Français le soldat lui répète ,
Je suis Français , vous ne passerez pas.
Je suis Français , craignez ma baïonnette ,
Je suis Français , vous ne passerez pas.

Napoléon tournant le front des bottes :
— C'est un gaillard qui n'entend pas raison :
Il pourrait bien transpercer nos culottes
Et nous faire changer de garnison. —
Le lendemain s'en fut au corps-de-garde,
Napoléon lui demanda son nom.
— Mon ami, voilà de l'argent pour boire,
La croix d'honneur pour décoration.

Oh ! quelle joie pour le cœur de ta mère
En te voyant couronné de lauriers,
Le ruban rouge à la boutonnière,
La croix d'honneur brillant à ton côté ;
Que diront-ils les gens de ton village ;
Car tous viendront en cercle auprès de toi,
Tu leur diras, avec le même courage,
Regarde-là ; mais ne la touche pas.

DIEU TOUT-PUISSANT.

Dieu tout-puissant je suis ta créature
Daigne sur moi jeter quelques regards :
Abandonné de toute la nature,
Je suis banni sans pitié, sans égards,
Pour m'abaisser de tout on est capable,
Je me confesse, je ne puis le nier ;
Pour mon malheur, ah ! je suis bien coupable,
Plaignez (bis) le sort du prisonnier.

Ne suis-je pas puni de ma faiblesse
Dont je languis dans un tombeau vivant ?
Un monde entier me fuit et me délaisse,
La pauvreté me visite souvent ;
Car dans ces lieux où le crime s'exile,
Quoi ! des humains suis-je donc le dernier ?
N'approchez pas de ce funeste asile,
Plaignez (bis) le sort du prisonnier.

Ma bonne mère, hélas! que vas-tu dire
En me sachant dans ce triste séjour ?
Mais par pitié ne va pas me maudire ,
Je me repents de ma faute en ce jour :
Pour captiver la fortune cruelle ,
J'abandonnai ton modeste grenier ;
Et j'ai perdu mon honneur avec elle ,
Plaignez (bis) le sort du prisonnier.

Dieu de bonté , quand finiront mes peines ?
Oh ! rends l'espoir de mon cœur agité.
Ah ! réponds-moi , briseras-tu mes chaînes
En me rendant ma douce liberté ?
Oui je renonce à toi , femme jolie ,
Pour ton amant tu dois me renier ;
Malgré mon cœur il faut que je t'oublie ,
Plaignez (bis) le sort du prisonnier.

Dieu de bonté , quand finiront mes peines ?
Oh ! rends l'espoir de mon cœur agité.
Ah ! réponds-moi , briseras-tu mes chaînes
En me rendant ma douce liberté ?
Oui je renonce à toi , femme jolie ,
Car dans ces lieux où le crime s'exile ;
Car dans ces lieux si longtemps j'y demeure ,
J'irais bientôt chez le vieux nautonier ;
Et dans les fers s'il faut que je meure ,
Plaignez (bis) le sort du prisonnier.

LE SAUVEUR.

Il a sauvé le père et la fille ,
Faits prisonniers par l'arabe inhumain ,
Cet officier dont le sabre en main brille ,
Quitte son poste pour combattre soudain.
Mais son poste , pendant son absence ,
Fut attaqué. Pauvre Victor !
Il méritait certes une récompense ,
Pourtant , hélas ! on le condamne à mort.

Fier et sans peur arrivant au supplice ,
Son frère ému se jetant dans ses bras ,
Dit à ces hommes : je suis son complice ,
Fusillez-moi ? — Non , ça ne se peut pas ,
Répond Victor, Que deviendrait notre mère ?
Retire-toi , frère , la mort m'attend !
Laisse-moi dire ma dernière prière.
Mais si je meurs , je suis bien innocent.

Au même instant des cris se font entendre.
Oh ! quel bonheur ! c'est la grâce obtenue,
Chacun s'écrie d'une voix forte et tendre ,
Son innocence est enfin reconnue.
Le négociant donna pour récompense
Sa jeune fille à Victor , sans regret ;
Et à l'autel se forma l'alliance
De cette belle à l'officier français.

LA BELLE DENTELLIÈRE.

Oh ! belle dentellière ,
Je veux faire ton bonheur.
Oh ! non , répondit-elle ,
J'ai promis mon serment à mon amant .
    Oh ! non , dit-elle ,
    Oh ! non , dit-elle ,

Je veux rester fidèle à mon amant ;
J'ai promis mon serment.

Oh ! belle dentellière ,
Il faut quitter ton pays ;
Oh ! non , répondit-elle ,
Je veux rester fidèle :
A mon amant j'ai promis mon serment,
    Oh ! non , dit-elle.

Le seigneur avec elle.
Ne pourrait s'en défaire ;
Elle reste fidèle à son amant ,
Qu'elle a promis son serment ;
    Oh ! non , dit-elle.

CHANSON NOUVELLE.

Air : *Des yeux bleus.*

Refrain.

Pose sur mon cœur , cette croix d'honneur
Que par sa valeur a conquis mon père.
Adieu , tendre sœur , c'est avec bonheur
Que ton jeune frère vole au champ d'honneur.

    Enfant chéri de la victoire ,
    Au poste le plus dangereux ,
    Mon père aimait suivre la gloire ;
    Serais-je , hélas! moins courageux.
        Pose sur mon cœur , etc.

    Adèle , au seul nom de patrie ,
    Je sens tout émouvoir en moi ;
    Avec une troupe guerrière
    Nous ferons suivre plus d'un roi.
        Pose sur mon cœur , etc.

Je quitte mon chaume rustique
Pour soutenir la liberté ,
En soldat de la République
J'adore la fraternité.
    Pose sur mon cœur , etc.

Mais au hameau qui m'a vu naître
Je reviendrai peut-être un jour ;
Je ne connais pas d'autre mère
Que la trompette et le tambour.
    Pose sur mon cœur , etc.

LE SERMENT.

J'ai reçu le serment, Oh ! douleur !
Le cri de guerre a frappé la montagne ;
Mais jure encore , par la vierge d'Espagne ,
De me garder ton amour et ton cœur. *Bis.*

    C'est qu'à mon délire
L'espoir me sourit autant que mon Dieu ;
    C'est qu'à mon délire
L'espoir me sourit au dernier adieu.

Jure-le moi, par ta mère , au tombeau ,
Fier Catalan , la vengeance m'appelle ;
Mais je promets si tu restes fidèle ,
À Notre-Dame , un glorieux drapeau.

    C'est qu'à mon délire , etc.

De par ce fer jure-moi bien ta foi ,
Sur mon coursier je vole à la victoire ;
Mais si jamais tu ternissais ma gloire ,
Vois ce poignard, malheur, malheur à toi !

    C'est qu'à mon délire , etc.

LES FEUILLES MORTES.

Mes jours sont condamnés , je vais quitter la
terre Il faut vous dire adieu, sans espoir de retour ;
Vous qui pleurez, hélas, bel ange tutélaire, Laissez tomber sur moi un doux regard d'amour. Du
céleste séjour entr'ouvez-moi les portes , Et du
maître éternel adoucissez la loi.

REFRAIN.

Quand vous verrez tomber , tomber les feuilles
mortes Si vous m'avez aimé vous prierez Dieu pour
moi. Si vous m'avez aimé, si vous m'avez aimé, Vous
prierez Dieu pour moi.

Oui le premier printemps va fleurir sur ma tombe,
Et ce jour qui m'éclaire est mon dernier soleil ,
Oui des arbres jaunis chaque feuille qui tombe ,
Me montre du trépas le lugubre appareil. Oui des
oiseaux du ciel les légères cohortes , Chanteront
dans les airs sans causer mon effroi.

Quand vous verrez, etc.

Sans vous, sans votre amour, je quitterais la vie ,
Sans y rien regretter, comme un séjour de deuil,
Aux chagrins, aux regrets, ma jeunesse asservie Voit
la mort comme un phare et non comme un écueil;
Mais j'ai par vos doux soins des douleurs les plus
fortes, Bravé les traits cruels, sans trouble et sans
effroi.

Quand vous verrez, etc.

LA NÉGRESSE.

Un jour une mère cruelle
Traînait aux rivages africains
Sa fille, qui était jeune et belle,
De fers avait chargé ses mains.
Oh ! disait la jeune négresse,
Où guidez-vous mes pas tremblans !
Oh ! ma mère, l'effroi m'oppresse,
Et vous allez me vendre aux blancs. *Bis.*

Oh ! ma mère, que la nature
Se fasse entendre à votre cœur ;
Pour vous, j'ai bravé la froidure,
Pour vous, j'ai bravé la chaleur.
Votre couchette est toujours fraîche,
C'est moi qui cultive vos champs,
Vous êtes ma chasse et ma pêche,
Vous allez me vendre aux blancs.

Dans votre sein j'ai reçu l'être,
Je suis le fruit de vos amours.
Avais-je demandé à naître ?
Bientôt je maudirai le jour,
Ai-je mérité l'esclavage,
Oh ! ma mère que j'aime tant ;
Vous me conduisez au rivage,
Et vous allez me vendre aux blanc

Elle pleurait encore sa mère,
Tandis que sa mère la vendait,
Hélas ! quelle douleur amère,
Déjà le vaisseau l'emportait,
Dieu ! d'une mère qui m'oublie
Protégez encore les vieux ans ;
Mais qu'elle meure dans sa patrie
Et ne la vendez pas aux blancs.

AIME-MOI BIEN.

Aime-moi bien , je t'en conjure ,
Je n'ai plus foi que dans ton cœur ;
Le baume guérit la blessure
Et la mort guérit la douleur.
Laisse-moi l'espoir qui m'enivre.
C'est là mon unique soutien ;
Mais pour m'aider encore à vivre ,
    Aime-moi bien.

Aime-moi bien , car en ce monde
Il ne reste , tu le sais ,
Ni mère ni sœur qui réponde
Par une larme à mes regrets ;
Gloire , avenir , ami , famille ,
Pauvre exilé , je n'ai plus rien
Que ton amour , oh ! jeune fille ,
    Aime-moi bien

Je t'aimerai ma tant chérie ,
Et pour payer tout ton amour ,
Je te consacrerai ma vie
Et ma pensée de chaque jour :
Je t'aimerai comme ma mère ;
Ton doux nom , à côté du sien ,
Sera placé dans ma prière ;
    Aime-moi bien.

Je t'aimerai comme l'abeille ,
Aime la fleur qui fait son miel ,
Comme l'oiseau l'aube vermeille,
Comme l'étoile aime le ciel ;
Je t'aimerai ma toute pure ,
Comme mon bon ange gardien ;
Mais à ton tour, je t'en conjure,
    Aime-moi bien.

SIGNAL D'ORAGE.

L'onde s'agite, écumante houleuse,
Crois-moi, pêcheur, garde-toi de partir.
Par le gros temps la pêche est dangereuse
L'Océan gronde, il pourrait t'engloutir.

REFRAIN.

Crois ma voix fidèle,
Rentre tes filets,
Laisse sans regrets
Dormir ta nacelle.
N'entends-tu pas la mouette crier : Ah !
Signal d'orage, signal d'orage,
Effroi du nautonier.

Si ce n'est pas pour moi qui t'en conjure,
Si mes accents ne peuvent te toucher,
Ecoute au moins la voix de la nature,
Conserve un fils aux pleurs du vieux nocher,
Crois ma voix, etc.

Il hésitait, mais d'un sombre nuage.
Qui, lentement s'abaissait sur les flots,
Au fier pêcheur, qu'emporte son courage
L'ange des mers a murmuré ces mots.
Crois ma voix, etc.

Angers, imp. de Lainé frères. — Juin 18

CHOIX DE CHANSONS
CHANTÉES PAR MARIE MOURAT.

LA CONSIGNE.

Sur le pont Louis un jeune militaire
Certaine nuit était en faction ,
Quand se présente un groupe téméraire,
Où se trouvait le grand Napoléor ,
Qui, s'approchant de la sentinelle ,
Entend crier : — Qui vive ! halte-là !
Eloignez-vous ; car ma consigne est telle,
Eloignez-vous, vous ne passerez pas. *Bis*

Il s'approcha , le père de la France ,
En lui disant : — Ne pourrai-je passer ;
Regarde-moi recule à ma présence ,
Reconnais donc un général anglais.
— Non , non , dit-il d'une voix redoutable,

1850

Retirez-vous , vous ne passerez pas ;
Soyez Anglais , soyez même le diable ,
Retirez-vous , vous ne passerez pas.

Napoléon se voyant sans ressources ;
— Tiens, de l'argent laisse-moi passer.,
— Non , non , dit-il retirez votre bourse ,
L'argent n'est rien pour un soldat français ,
Dans mon hameau je labourais la terre ,
Dans mon hameau je gardais les brebis ;
Mais à présent que je suis militaire ,
Je veux rester fidèle à mon pays.

Napoléon dit à ses compagnons :
— Désarmons le puisque c'est un Français ;
Dépouillons-le , après nous le pendrons ,
S'il ne veut pas nous laisser passer.
— Je suis Français le soldat lui répète,
Je suis Français, vous ne passerez pas .
Je suis Français, craignez ma baïonnette ,
Je suis Français, vous ne passerez pas.

Napoléon tournant le front des bottes :
— C'est un gaillard qui n'entend pas raison:
Il pourrait bien transpercer nos culottes
Et nous faire changer de garnison.—
Le lendemain s'en fut au corps-de-garde ,
Napoléon lui demanda son nom.
— Mon ami voilà de l'argent pour boire ,
La croix d'honneur pour décoration.

Oh ! quelle joie pour le cœur de ta mère
En te voyant couronné de lauriers,
Le ruban rouge à la boutonnière ,
La croix d'honneur brillant à ton côté;
Que diront-ils les gens de ton village ;
Car tous viendront en cercle auprès de toi ,
Tu leur diras, avec le même courage,
Regarde-là ; mais ne la touche pas.

ADIEU ZOÉ.

Adieu Zoé, l'aurore matinale
Blanchit déjà le sommet des côteaux :
L'encens des fleurs en doux parfums s'exhale,
Tout m'avertit de quitter le hameau.
Malgré mes vœux ma barque fugitive,
Vers l'autre bord m'aura bientôt porté ;
Mais le jour vient, il faut quitter la rive,
      Adieu Zoé.   (bis).

Tiens, reste là sur le bord du rivage,
Un frais léger t'offrira mes désirs,
Et mes baisers resteront au passage.
Le frais charmaut embellit le plaisir ;
Tu m'entendras encore dans mon délire
Troubler l'écho d'alentour répéter :
Ecoute bien il viendra te le dire,
      Adieu Zoé.   (bis).

Alors déjà sur la vague écumante
L'amant voguait sans redouter le sort ;
Un bruit confus toucha sa voix tremblante,
Au chant d'amour succède un chant de mort.
La foudre éclate, mais sans que son âme
Perde le prix que le ciel a frappé ;
Car de sa bouche il semble dire encore :
      Adieu Zoé.   (bis).

DIEU TOUT PUISSANT.

Dieu tout puissant je suis ta créature
Daigne sur moi jeter quelques regards :
Abandonné de toute la nature,
Je suis banni sans pitié, sans égards.
Pour m'abaisser, de tout on est capable,
Je me confesse, je ne puis le nier ;
Pour mon malheur, ah ! je suis bien coupable,
Plaignez (bis) le sort du prisonnier.

Ne suis-je pas puni de ma faiblesse
Dont je languis dans un tombeau vivant ?
Un monde entier me fuit et me délaisse,
La pauvreté me visite souvent ;
Car dans ces lieux où le crime s'exile,
Quoi! des humains suis-je donc le dernier ?
N'approchez pas de ce funeste asile,
Plaignez (bis) le sort du prisonnier.

Ma bonne mère, hélas! que vas-tu dire
En me sachant dans ce triste séjour ?
Mais par pitié ne vas pas me maudire,
Je me repents de ma faute en ce jour :
Pour captiver la fortune cruelle,
J'abandonnai ton modeste grenier ;
Et j'ai perdu mon honneur avec elle,
Plaignez (bis) le sort du prisonnier.

Dieu de bonté, quand finiront mes peines ?
Oh ! rends l'espoir de mon cœur agité.
Ah ! réponds-moi, briseras-tu mes chaînes
En me rendant ma douce liberté ?
Oui je renonce à toi, femme jolie,
Pour ton amant tu dois me renier ;
Malgré mon cœur il faut que je t'oublie,
Plaignez (bis) le sort du prisonnier.

Dieu de bonté, quand finiront mes peines ?
Oh ! rends l'espoir de mon cœur agité.
Ah ! réponds-moi, briseras-tu mes chaînes
En me rendant ma douce liberté ?
Oui je renonce à toi, femme jolie,
Car dans ces lieux où le crime s'exile ;
Car dans ces lieux si longtemps j'y demeure,
J'irais bientôt chez le vieux nautonier ;
Et dans les fers s'il faut que je meure,
Plaignez (bis) le sort du prisonnier.

LE SAUVEUR.

Il a sauvé le père et la fille,
Faits prisonniers par l'arabe inhumain,
Cet officier dont le sabre en main brille,
Quitte son poste pour combattre soudain.
Mais son poste, pendant son absence,
Fut attaqué. Pauvre Victor!
Il méritait certes une récompense,
Pourtant, hélas! on le condamne à mort.

Fier et sans peur arrivant au supplice,
Son frère ému se jetant dans ses bras,
Dit à ces hommes : je suis son complice,
Fusillez-moi? — Non, ça ne se peut pas,
Répond Victor, Que deviendrait notre mère?
Retire-toi, frère, la mort m'attend!
Laisse-moi dire ma dernière prière.
Mais si je meurs, je suis bien innocent.

Au même instant des cris se font entendre.
Oh! quel bonheur! c'est la grâce obtenue,
Chacun s'écrie d'une voix forte et tendre,
Son innocence est enfin reconnue.
Le négociant donna pour récompense
Sa jeune fille à Victor, sans regret.
Et à l'autel se forma l'alliance
De cette belle à l'officier français.

LA BELLE DENTELLIÈRE.

Oh! belle dentellière,
Je veux faire ton bonheur.
Oh! non, répondit-elle,
J'ai promis mon serment à mon amant,
   Oh! non, dit-elle,
   Oh! non, dit-elle,

Je veux rester fidèle à mon amant,
J'ai promis mon serment.

Oh ! belle dentellière,
Il faut quitter ton pays ;
Oh ! non, répondit-elle,
Je veux rester fidèle :
A mon amant j'ai promis mon serment,
　　Oh! non, dit-elle.

Le seigneur avec elle
Ne pouvait s'en défaire ;
Elle reste fidèle à son amant,
Qu'elle a promis son serment ;
　　Oh! non, dit-elle.

CHANSON NOUVELLE.

Air : *Des yeux bleus.*

REFRAIN.

Pose sur mon cœur, cette croix d'honneur
Que par sa valeur a conquis mon père.
Adieu, tendre sœur, c'est avec bonheur
Que ton jeune frère vole au champ d'honneur.

Enfant chéri de la victoire,
Au poste le plus dangereux,
Mon père aimait suivre la gloire ;
Serais-je, hélas ! moins courageux.
　　Pose sur mon cœur, etc.

Adèle, au seul nom de patrie,
Je sens tout émouvoir en moi ;
Avec une troupe guerrière
Nous ferons suivre plus d'un roi.
　　Pose sur mon cœur, etc.

Je quitte mon chaume rustique
Pour soutenir la liberté,
En soldat de la République
J'adore la fraternité.
  Pose sur mon cœur, etc.

Mais au hameau qui m'a vu naître
Je reviendrai peut-être un jour ;
Je ne connais pas d'autre mère
Que la trompette et le tambour.
  Pose sur mon cœur, etc.

LE SERMENT.

J'ai reçu le serment, Oh ! douleur !
Le cri de guerre à frappé la montagne ;
Mais jure encore, par la vierge d'Espagne,
De me garder ton amour et ton cœur. *Bis*.

  C'est qu'à mon délire
L'espoir me sourit autant que mon Dieu ;
  C'est qu'à mon délire
L'espoir me sourit au dernier adieu.

Jure-le-moi, par ta mère, au tombeau,
Fier Catalan, la vengeance m'appelle ;
Mais je promets si tu restes fidèle,
A Notre-Dame, un glorieux drapeau.

  C'est qu'à mon délire, etc.

De par ce fer jure-moi bien ta foi,
Sur mon coursier je vole à la victoire ;
Mais si jamais tu ternissais ma gloire,
Vois ce poignard, malheur, malheur à toi !

  C'est qu'à mon délire, etc.

LES FEUILLES MORTES.

Mes jours sont condamnés, je vais quitter la
terre Il faut vous dire adieu, sans espoir de retour
Vous qui pleurez, hélas, bel ange tutélaire, Laissez tomber sur moi un doux regard d'amour. Du
céleste séjour entr'ouvrez moi les portes, Et du
maître éternel adoucissez la loi.

REFRAIN.

Quand vous verrez tomber, tomber les feuilles
mortes Si vous m'avez aimé vous prierez Dieu pour
moi Si vous m'avez aimé si vous m'avez aimé Vous
prierez Dieu pour moi.

Oui le premier printemps va fleurir sur ma tombe, Et ce jour qui m'éclaire est mon dernier soleil, Oui des arbres jaunis chaque feuille qui tombe Me montre du trépas le lugubre appareil. Oui
des oiseaux du ciel les légères cohortes Chanteront dans les airs sans causer mon effroi

Quand vous verrez, etc,

Sans vous, sans votre amour, je quitterais la vie
Sans y rien regretter comme un séjour de deuil,
Aux chagrins aux regrets ma jeunesse asservie Voit
la mort comme un phare et non comme un écueil
Mais j'ai par vos doux soins des douleurs les plus
fortes Bravé les traits cruels, sans trouble et sans
effroi .

Quand vous verrez, etc.

LA NÉGRESSE

Un jour une mère cruelle
Traînait aux rivages africains
Sa fille, qui était jeune et belle,
De fers avait chargé ses mains.
Oh! disait la jeune négresse,
Où guidez-vous mes pas tremblaus?
Oh! ma mère, l'effroi m'oppresse,
Et vous allez me vendre aux blancs. *Bis.*

Oh! ma mère, que la nature
Se fasse entendre à votre cœur,
Pour vous, j'ai bravé la froidure,
Pour vous, j'ai brave la chaleur.
Votre couchette est toujours fraîche,
C'est moi qui cultive vos champs,
Vous êtes ma chasse et ma pêche,
Vous allez me vendre aux blancs.

Dans votre sein j'ai reçu l'être,
Je suis le fruit de vos amours.
Avais-je demandé à naître?
Bientôt je maudirai le jour,
Ai-je mérité l'esclavage,
Oh! ma mère que j'aime tant;
Vous me conduissez au rivage,
Et vous allez me vendre aux blancs.

Elle pleurait encore sa mère,
Tandis que sa mère la vendait,
Hélas! quelle douleur amère,
Déjà le vaisseau l'emportait,
Dieu! d'une mère qui m'oublie
Protégez encore les vieux ans;
Mais qu'elle meure daus sa patrie
Et ne la vendez pas aux blancs.

MARIE.

PAROLES DE M. LOUIS ABALIE

O dis-moi, douce Marie,
N'es-tu pas la plus jolie
Des reines de la prairie,
Qui passent en chantant le soir.

Ton sourire
Qu'on admire,
Ton tendre cœur qui soupire,
Dans la plaine,
O ma reine,
Je voudrais toujours te voir.

J'ai parcouru l'Italie,
L'Allemagne et la Russie.
J'ai vu la fille du roi,
Qui n'est pas si bien que toi.
O dis-moi, etc.

Oui, j'ai visité la France,
J'ai vu la riche Provence,
Et du midi jusqu'au nord
Je n'ai vu pareil trésor.
O dis-moi, etc.

J'ai vu notre Normandie,
J'ai vu nos îles fleuries,
J'ai vu nos bosquets en fleurs;
Rien ne sourit à mon cœur.
O dis-moi, etc.

AIME-MOI BIEN.

Aime-moi bien, je t'en conjure,
Je n'ai plus foi que dans ton cœur ;
Le baume guérit la blessure
Et la mort guérit la douleur.
Laisse-moi l'espoir qui m'enivre.
C'est là mon unique soutien ;
Mais pour m'aider encore à vivre,
    Aime-moi bien.

Aime-moi bien, car en ce monde
Il ne reste, tu le sais,
Ni mère ni sœur qui réponde
Par une larme à mes regrets ;
Gloire, avenir, ami, famille,
Pauvre exilé, je n'ai plus rien
Que ton amour, oh ! jeune fille,
    Aime-moi bien.

Je t'aimerais ma tant chérie,
Et pour payer tout ton amour,
Je te consacrerai ma vie
Et ma pensée de chaque jour :
Je t'aimerai comme ma mère ;
Ton doux nom, à côté du sien,
Sera placé dans ma prière ;
    Aime moi bien.

Je t'aimerai comme l'abeille,
Aime la fleur qui fait son miel,
Comme l'oiseau l'aube vermeille,
Comme l'étoile aime le ciel ;
Je t'aimerai ma toute pure,
Comme mon bon ange gardien ;
Mais à ton tour, je t'en conjure,
    Aime-moi bien.

SIGNAL D'ORAGE.

L'onde s'agite, écumante houleuse,
Crois-moi, pêcheur, garde-toi de partir.
Par le gros temps la pêche est dangereuse
L'Océan gronde, il pourrait t'engloutir.

REFRAIN.

Crois ma voix fidèle,
Rentre tes filets,
Laisse sans regrets
Dormir ta nacelle.
N'entends-tu pas la mouette crier : Ah !
Signal d'orage, signal d'orage
Effroi du nautonier.

Si ce n'est pas pour moi qui t'en conjure,
Si mes accents ne peuvent te toucher,
Ecoute au moins la voix de la nature,
Conserve un fils aux pleurs du vieux nocher,
Crois ma voix, etc,

Il hésitait, mais d'un sombre nuage.
Qui, lentement s'abaissait sur les flots,
Au fier pêcheur, qu'emporte son courage
L'ange des mers a murmuré ces mots.
Crois ma voix, etc.

IMPRIMERIE QUILLOT, A AGEN.

BIBLIOTHÈQUE NATIONALE R. F. IMPRIMÉ

CHOIX DE CHANSONS

CHANTÉES PAR MARIE MOURAT.

LE LOYAL TAMBOUR.

Je suis loyal tambour, j'aime ma pomponette,
Dont la main si coquette me mène à la baguette,
A la baguette, comme on fait au royal séjour.
      Aussi, ma pomponnette,
    Ma pomponette,
    Est ma Pompadour,
Ma pomponnette, c'est ma Pompadour,
Oui, c'est la Pompadour du royal tambour.

    Frais carmin sur la bouche,
    Poudre dans les cheveux,
    Sur la joue une mouche
    Moins noire que ses yeux.
    Une taille qui penche,
    Légère et sans effort,
    Une main douce et blanche,
    Petite et frappant fort. — Je suis, etc.

1850

OEil qui vous assassine,
Sans remords, sans pitié,
Un pied qui, certes en Chine,
Serait un petit pied.
Un vrai cœur de tigresse,
Qui, ne plaisantant pas,
Par excès de tendresse,
Me met toujours au pas. — Ah ! je suis.

Pour toi, viennent lui dire
Les galants de la cour,
Nous souffrons le martyre,
Et nous mourons d'amour.
Des galants la cruelle
N'entend pas les discours,
Mais moi. tambour fidèle,
Elle m'entend toujours. — Ah ! je suis.

DON CÉSAR DE BAZAN.

Refrain.   Soldat et gentilhomme,
            Poële et courtisan,
            Partout on me renomme
            Vrai Dieu ! car je me nomme
            Don César de Bazan.

Je suis coureur de mascarades
De galas et de carroussels ;
Je sais des jours les plus maussades
Faire des printemps éternels.
Je sais l'art des riches fredaines
Sans rentes et sans tenanciers,
Et co t ple gaiement par centaines
Mes plaisirs et mes créanciers.
Tra la la la la, etc.

Grâce à ma valeur sans pareille,
A mon esprit toujours fécond,
Je sais triompher à merveille
Des beautés de chaque balcon,
Et sous les mauresques arcades,
Quand la nuit ramène l'espoir,

Je vais mener les sérénades
Et mourir d'amour chaque soir.
Tra la la la la, etc.

Vivent ces beaux jours de folie,
Qui m'ont versé leur doux poison,
Que toujours à la plus jolie
Vole mon cœur et ma chanson ;
Et quand un jour la destinée
Viendra m'arrêter en chemin,
J'aurai bien rempli ma journée ,
Et je redirai mon refrain.
Tra la la la la, etc.

SIGNAL D'ORAGE.

L'onde s'agite, écumante houleuse,
Crois-moi, pêcheur, garde-toi de partir.
Par le gros temps la pêche est dangereuse
L'Océan gronde, il pourrait t'engloutir.

REFRAIN.

Crois ma voix fidèle,
Rentre tes filets,
Laisse sans regrets
Dormir ta nacelle.
N'entends-tu pas la mouette crier : Ah !
Signal d'orage, signal d'orage
Effroi du nautonier.

Si ce n'est pas pour moi qui t'en conjure,
Si mes accents ne peuvent te toucher,
Ecoute au moins la voix de la nature,
Conserve un fils aux pleurs du vieux nocher,
Crois ma voix, etc,

Il hésitait, mais d'un sombre nuage.
Qui, lentement s'abaissait sur les flots,
Au fier pêcheur, qu'emporte son courage
L'ange des mers a murmuré ces mots.
Crois ma voix, etc.

LE RETOUR EN FRANCE.

Oui, voyageurs sur la terre et sur l'onde,
J'ai parcouru tout ce vaste univers ;
J'ai vu l'ancien, j'ai vu le nouveau monde,
Bien de climats, bien de pays divers,
J'ai vu Stamboul, après Rome et Florence,
Vu l'Oasis, où les mois sont des jours,
Mais rien pour moi ne vaut encor la France
Et cette fois je reviens pour toujours.

Dans les cités, aux déserts, sous les tentes,
J'ai rencontré des visages humains ;
Souvent malgré leur humeur insconstante,
Triste, en partant, serré de nobles mains.
Par lui trahi, la crainte et l'espérance,
J'ai pu trouver plus d'un cœur sans détours,
Mais point d'amis comme ceux de la France,
Et cette fois je reviens pour toujours.

Ailleurs, dit-on les femmes sont plus belles,
Ou dans la voix ont un plus doux accent;
Ou bien encer, souvent moins infidèles,
N'offrent leurs cœurs qu'à l'amour innocent.
Sur les récits noyés par l'assurance,
N'en croyez-pas, jeunes gens les discours ,
Car nulle part on n'aime comme en France,
Et cette fois j'y reviens pour toujours.

LES FEUILLES MORTES.

Mes jours sont condamnés, je vais quitter la terre Il faut vous dire adieu, sans espoir de retour Vous qui pleurez, hélas, bel ange tutélaire , Laissez tomber sur moi un doux regard d'amour. Du céleste séjour entr'ouvrez moi les portes, Et du maître éternel adoucissez la loi.

REFRAIN.

Quand vous verrez tomber, tomber les feuilles mortes Si vous m'avez aimé vous prierez Dieu pour

moi Si vous m'avez aimé si vous m'avez aimé Vous
prierez Dieu pour moi.

Oui le premier printemps va fleurir sur ma tombe, Et ce jour qui m'éclaire est mon dernier soleil, Oui des arbres jaunis chaque feuille qui tombe Me montre du trépas le lugubre appareil. Oui
des oiseaux du ciel les légères cohortes Chanteront dans les airs sans causer mon effroi

      Quand vous verrez, etc,

Sans vous, sans votre amour, je quitterais la vie
Sans y rien regretter comme un séjour de deuil,
Aux chagrins aux regrets ma jeunesse asservie Voit
la mort comme un phare et non comme un écueil
Mais j'ai par vos doux soins des douleurs les plus
fortes Bravé les traits cruels, sans trouble et sans
effroi .

      Quand vous verrez, etc.

LE PONT D'ANGER.

Braves soldats de la garde civique ,
Du vaillant onzième léger,
Sous le ciel brûlant de l'Afrique
Allaient combattre l'étranger.   (bis.)
Ivres d'orgueil et d'espérance,
Fiers de leurs belliqueux destins,
Ils quittaient le sol de la France,
En frappant l'air de gais refrains.   (bis.)

REFRAIN.

Honneur aux martyrs de la gloire,
Honneur à ces jeunes héros,
Qui s'élançaient à la victoire.
Pour expirer au sein des flots.   (bis.)

Arrivés sur les bords du Maine,
Qui roule ses flots en hurlant,
Nos guerriers doivent hors d'haleine,

Le franchir sur un pont volant.
En vain, la foudre et la tempête
Eclate, gronde sur leurs pas,
Il faut marcher, et rien n'arrête
L'ardeur de nos jeunes soldats—Honneur.

Au bruit de l'orage en furie,
Au fracas du sombre élément,
S'unissa*t la mâle harmonie
Du brave et joyeux régiment.
Soudain, d'horreur tableau sublime,
Que de cyprès pour nos lauriers!
Le pont se brise, et dans l'abîme
Disparaissenttous nos guerriers. Honneur

Bientôt d'un héroïque zèle,
Le peuple est ému, transporté,
On se recueille, on s'appelle,
On s'immole à l'humanité.
Parmi les vagues en furie,
Marins, citoyens, artisans,
Se plongent avec frénésie
Et cherchent nos guerriers mourants.

Ah! combien de traits magnanimes
Eclairent ce funeste jour;
Mais aussi combien de victimes,
Combien de larmes en retour!
Combien de fils n'ont plus de père,
Combien de veuves chaque soir
Combien de sœurs perdent un frère,
Et de familles leur espoir. — Honneur.

Citoyens des rives du Maine,
De l'Anjou valeureux enfants,
Vos noms aux plages de la Seine
Ont volé sur l'aile des vents.
Pour nous fils de la métropole,
Imitant votre noble ardeur,
Nous courrons jeter notre obole,
En déplorant votre malheur.—Honneur.

Alphonse DOURLANT.

L'HOMME BLASÉ,

Air: *J'arrive à pied de province*, ou : *Quel cochon
d'enfant.*

Jusqu'à son heure dernière
  L'homme cherche toujours,
La plus joyeuse manière
  De passer ses jours.
J' crois qu' j'ai trouvé la meilleure
  Car sans m' faire prier,
J' m'en vas toujours un quart d'heure
  Avant de m'ennuyer.

Qu'un sot s' présente ou j'habite,
  J' suis déjà parti;
Quand l' médecin m' rend sa visite
  J' suis toujours sorti.
Si j'attends de ma demeure
  Quelque créancier,
J' m'en vas, etc.

D'être l'amant d'une belle,
Si j'ai quelqu'espoir,
  On est sûr de m' voir chez elle
Du matin au soir.
  Mais si par raison majeure
Elle tient à s' marier,
  J' m'en vas, etc.

Qu'une dame dans une romance,
  D'un ton larmoyant,
Nous chant' les malheurs d'Hortense
  Et de son amant.
Que'qu' ça ma fait que la princesse meure
  Pour son chevalier .
J' men vas, etc:

Un soldat d'infanterie,
  Flambant fantassin,
Me parle de l'Algérie
  En lorgnant mon vin.

Ta carrotte est supérieure,
  Mais mon vieux troupier
J' m'en vas, etc.

On doit entendre de Blaise
  Un récit nouveau :
Qnand chacun prend une chaise,
  Moi j' prends mon chapeau :
Sitôt qu'il braille ou qu'il pleure,
  J'enfile l'escalier.
J' m'en vas, etc.

J'ai la garde citoyenne
  En grande affection,
Mais j' n'aime pas trop qu'mon tour vienne
  D'aller en faction.
Pour la promenade extérieure,
  Je suis trop peu guerrier.
J' m'en vas, etc.

Dès qu'un poète nous chante l'aurore,
  Vous me voyez filez;
Sitôt qu'un savant pérore,
  J' voudrais m'en aller.
Le tombeau dont on nous leurre
  N' peut pas m'effrayer,
Pourvu que j'y aille un quart d'heure
  Avant d' m'ennuyer.

LA DANSOMANIE.

De Terpsychore je suis l'émule
Pour moi la danse a des attraits.
Je puis même sans préambule
Passer entrechats, ricochets.   (*bis*).
D'ardeur pour la valse, je dévore,
Pour le quadrille je vais encore,

Ba, ba, ba, balancez-vous donc,
Larira, larira, don daine

Ba , ba , ba , balancez-vous donc
Larira, larira, don don,

Quand vient la fête du village
A la ferme comme au château,
Jeunes fillettes au blanc corsage
Dansent le quadrille le plus beau.
Alors j'aime sur la coudrette
Batifoller, jouer en cachette.
    Ba, ba , ba , etc.

Vite à la danse je m'empresse,
J'ai le pied leste et l'œil malin.
Faut voir comme dans mes bras je presse,
La jeune fille au corps lutin,
Puis ensuite sous le vert feuillage,
Chacun comprend le badinage.
    Ba , ba , ba , etc.

LE PLUS MALIN Y PERD SON LATIN.

Oui , oui , oui , c'est en vain
    Qu'à tout le monde
On veut plaire à la ronde,
Oui , oui , oui , c'est en vain,
    Le plus malin
Y perdrait son latin.

Qu'un joyeux luron,
Parle sans façon,
On va sans égard,
L'appeller bavard.
Qu'un autre plus coin
Reste dans un coin,
Sans souffler un mot,
On dit c'est un sot. — Oui oui etc.

Quand femme vous plaît,
Allez droit au fait,

Elle : vous dira .
Monsieur, hale-là.
Filez plus d'un jour,
Le parfait amour.
Elle dit : c'est bon,
Monsieur allez donc. — Oui , oui, etc.

Buvez sobrement
De l'eau seulement,
Eh ! mais dira-t-on,
Il fait le Caton.
Buvez du Mâcon
Un simple flacon.
Vous voilà soudain,
Un vrais sac à vin. — Oui, oui, etc.

Lorsque tel ou tel
Vous offre un cartel,
Répondez que non,
C'est être poltron.
Allez-vous au bois
Trois au quatre fois,
Bah ! dit un railleur,
C'est un ferrailleur.— Oui, oui, etc.

Soyons pas trop bon,
On nous dit mouton,
Soyons pas trop francs,
On nous dit méchants
Montrons nous sensés,
On nous dit glacés ;
Puis épécurien,
On nous dit vaurien.— Oui ,oui, etc.

Puisqu'il est éprouvé
Qu'on n'a pas trouvé
Le moyen commun
De plaire à chacun
Ma foi des jaloux
Ici moquons nous,
Et le verre en main
Chantons le refrain. — Oui, oui, etc.

LA BRIGANTINE.

La Brigantine, Qui va tourner,
Roule, s'incline, Pour m'entrainer.
O Vierge Marie! Pour moi priez Dieu ;
Adieu, patrie! Provence, adieu!

Mon pauvre père Verra souvent
Pâlir ma mère Au bruit du vent.
O Vierge Marie! Pour moi priez Dieu.
Adieu, patrie! Mon père, adieu!

Ma sœur se lève, Elle dit déjà :
J'ai fait un rêve; il reviendra.
O Vierge Marie! Pour moi priez Dieu ;
Adieu, patrie! Ma sœur, adieu.

La vieille Hélène Se confiera
Dans sa neuvaine, Il reviendra.
O Vierge Marie! Pour moi priez Dieu,
Adieu, patrie! Hélène, adieu!

De mon Isaure Le mouchoir blanc
S'agite encore En m'appellant.
O Vierge Marie! Pour moi priez Dieu ;
Adieu, ma patrie! Isaure, adieu!

Brise ennemie, Pourquoi souffler
Quand mon amie Veut me parler?
O Vierge Marie! Pour moi priez Dieu ;
Adieu, patrie! Bonheur, adieu!

MARIE.

PAROLES DE M. LOUIS ABALIE

O dis-moi, douce Marie,
N'es-tu pas la plus jolie
Des reines de la prairie,
Qui passent en chantant le soir.

Ton sourire
Qu'on admire,
Ton tendre cœur qui soupire,
Dans la plaine,
O ma reine,
Je voudrais toujours te voir.

J'ai parcouru l'Italie,
L'Allemagne et la Russie.
J'ai vu la fille du roi,
Qui n'est pas si bien que toi.
O dis-moi, etc.

Oui, j'ai visité la France,
J'ai vu la riche Provence,
Et du midi jusqu'au nord
Je n'ai vu pareil trésor.
O dis-moi, etc.

J'ai vu notre Normandie,
J'ai vu nos îles fleuries,
J'ai vu nos bosquets en fleurs;
Rien ne sourit à mon cœur.
O dis-moi, etc.

IMPRIMERIE QUILLOT, A AGEN.

CHOIX DE CHANSONS
CHANTÉES PAR MARIE MOURAT.

LE PORTRAIT.

Tu vas partir, déjà de ton navire,
J'entends le cri du pilote joyeux,
Reviendras-tu? daigne, hélas! me le dire.
Mais pour jamais m'as-tu fais les adieux.
Oh! réponds-moi, tu gardes le silence,
Je te réclame, hélas! un seul bienfait;
Par pitié, de ta vive tendresse,
Oh! laisse-moi ton portrait,   (bis).

Oh! traite-moi de mon amour extrème,
Ton portrait seul consolera mon cœur;
Oh! réponds-moi, tu gardes le silence,
Je te réclame, hélas! un seul bienfait,

1851

Oh! par pitié, de ta vive tendresse,
Oh! laisse-moi ton portrait.   (bis).

Oh! si jamais l'amour se succombe,
Tu descendras sur tes nombreux attraits,
Tu descendras sur le lieu de la tombe;
Ton portrait seul consolera mon cœur,
Oh! réponds-moi, tu gardes le silence,
Je te réclame, hélas! un seul bienfait,
Oh! par pitié, de ta vive tendresse.
Oh! laisse-moi ton portraitr.   (bis).

CHANSON NOUVELLE.

Ce qu'il me faut à moi,
Pour mon triste cœur,
Fait naître l'espérance, et reprendre courage,
C'est le bois frémissant de son paisible ombrage,
Où l'on rêve au bonheur,
Où l'on rêve au bonheur,
Pour entrevoir l'azur sous mon ciel d'orage,
C'est toi, c'est toi, oui c'est toi.

Ce qu'il me faut à moi, quand la brise du soir
Caresse avec amour la fleur de la vallée,
Quand je t'appelle en vain de ma voix désolée,
Comme un rayon d'espoir,
Comme un rayon d'espoir,
Pour animer en moi la croyance envolée,
Ce qu'il me faut à moi, c'est toi,
Ce qu'il me faut à moi, c'est toi, oui, c'est toi.

Ce qu'il me faut à moi, qu'il irait plus à mon cœur,
Qu'un homme au désespoir qu'il dessèche ma vie,
Ce mot d'amour; oh! mon âme ravie!

C'est un peu de bonheur,
C'est un peu de bonheur,
Pour donner à mon cœur ce bonheur qu'il envie,
Ce qu'il me faut à moi, etc.

LA BÉNÉDICTION D'UN PÈRE.

Ma fille, ô ma fille chérie !
Pour me quitter, tu te mets à genoux ;
Tu vas donc quitter ta patrie
Et le toit paternel pour celui d'un époux ?
Pour la première fois ta chambre sera vide,
J'irai prêtant l'oreille au doux bruit de tes pas :
Dans ce foyer désert, dans ce jardin aride.
Pour la première fois, je ne t'entendrai pas,
Mais pourtant sois heureuse,
Suis l'époux, suis l'époux, avec qui je t'unis,
Mais pourtant sois heureuse, enfant je te bénis.

Mais Dieu, Dieu commande à la femme
De tout quitter pour suivre son époux;
Va donc, sans regret dans ton âme,
Compagne de celui qui t'exile de nous.
Donne lui tout ton cœur et ta pensée entière.
Oh! pour lui maintenant, pour lui tout ton amour.
Mais garde un souvenir, mon enfant, pour ton père
Qui, séparé de toi, pleurera plus d'un jour.
Mais pourtant, etc.

A vous, si je vous le confie
Ce bien si cher, ce bien si précieux,
Je vous donne plus que ma vie,
C'est enfin la nommer le plaisir de mes yeux.
Vous me remplacerez près d'elle sur la terre,
Vous me l'avez juré, vous le jurez encor;
Et puis si vous l'aimez comme l'aimait son père
Ah! vous aurez payé le prix de mon trésor.
Si ma fille est heureuse (*bis*),
Dans mon cœur, (*bis*,) oui, vous serez unis,
Dans mon cœur, avec elle enfant, je vous bénis.

LE SERMENT.

J'ai reçu le serment, Oh ! douleur !
Le cri de guerre à frappé la montagne ;
Mais jure encore, par la vierge d'Espagne,
De me garder ton amour et ton cœur. *Bis*.

      C'est qu'à mon délire
L'espoir me sourit autant que mon Dieu :
      C'est qu'à mon délire
L'espoir me sourit au dernier adieu.

Jure-le-moi, par ta mère, au tombeau,
Fier Catalan, la vengeance m'appelle ;
Mais je promets si tu restes fidèle,
A Notre-Dame, un glorieux drapeau.

      C'est qu'à mon délire, etc.

De par ce fer jure-moi bien ta foi,
Sur mon coursier je vole à la victoire ;
Mais si jamais tu ternissais ma gloire,
Vois ce poignard, malheur, malheur à toi !

      C'est qu'à mon délire, etc.

. LA CONSIGNE.

Sur le pont Louis un jeune militaire
Certaine nuit était en faction,
Quand se présente un groupe téméraire,
Où se trouvait le grand Napoléon,
Qui, s'approchant de la sentinelle,
Entend crier : — Qui vive ! halte-là !
Eloignez-vous ; car ma consigne est telle,
Eloignez-vous, vous ne passerez pas. *Bis*

Il s'approcha, le père de la France,
En lui disant : — Ne pourrai-je passer :
Regarde-moi recule a ma présence,
Reconnais donc un général anglais.
— Non, non, dit-il d'une voix redoutable.

Retirez-vous , vous ne passerez pas ;
Soyez Anglais, soyez même le diable ,
Retirez-vous , vous ne passerez pas.

Napoléon se voyant sans ressources ;
— Tiens, de l'argent laisse-moi passer ,
— Non, non , dit-il retirez votre bourse ,
L'argent n'est rien pour un soldat français ,
Dans mon hameau je labourais la terre ,
Dans mon hameau je gardais les brebis ;
Mais à présent que je suis militaire ,
Je veux rester fidèle à mon pays.

Napoléon dit à ses compagnons :
— Désarmons le puisque c'est un Français ;
Dépouillons-le , après nous le pendrons ,
S'il ne veut pas nous laisser passer.
— Je suis Français le soldat lui répète,
Je suis Français, vous ne passerez pas .
Je suis Français, craignez ma baïonnette ,
Je suis Français, vous ne passerez pas.

Napoléon tournant le front des bottes :
— C'est un gaillard qui n'entend pas raison :
Il pourrait bien transpercer nos culottes
Et nous faire changer de garnison —
Le lendemain s'en fut au corps-de-garde ,
Napoléon lui demanda son nom.
— Mon ami voilà de l'argent pour boire ,
La croix d'honneur pour décoration.

Oh ! quelle joie pour le cœur de ta mère
En te voyant couronné de lauriers,
Le ruban rouge à la boutonnière ,
La croix d'honneur brillant à ton côté ;
Que diront-ils les gens de ton village ;
Car tous viendront en cercle auprès de toi ,
Tu leur diras, avec le même courage,
Regarde-là ; mais ne la touche pas.

MARIE.

PAROLES DE M. LOUIS ABALIE.

O dis-moi, douce Marie,
N'es-tu pas la plus jolie
Des reines de la prairie,
Qui passent en chantant le soir.

Ton sourire
Qu'on admire,
Ton tendre cœur qui soupire,
Dans la plaine,
O ma reine,
Je voudrais toujours te voir.

J'ai parcouru l'Italie,
L'Allemagne et la Russie.
J'ai vu la fille du roi,
Qui n'est pas si bien que toi.
O dis-moi, etc.

Oui, j'ai visité la France,
J'ai vu la riche Provence,
Et du midi jusqu'au nord
Je n'ai vu pareil trésor.
O dis-moi, etc.

J'ai vu notre Normandie,
J'ai vu nos îles fleuries,
J'ai vu nos bosquets en fleurs;
Rien ne sourit à mon cœur.
O dis-moi, etc.

ADIEU ZOÉ.

Adieu Zoé, l'aurore matinale
Blanchit déjà le sommet des côteaux :
L'encens des fleurs en doux parfums s'exhale,
Tout m'avertit de quitter le hameau.
Malgré mes vœux ma barque fugitive,
Vers l'autre bord m'aura bientôt porté ;
Mais le jour vient, il faut quitter la rive,
    Adieu Zoé.   (bis).

Tiens, reste là sur le bord du rivage,
Un frais léger t'offrira mes désirs,
Et mes baisers resteront au passage.
Le frais charmant embellit le plaisir ;
Tu m'entendras encore dans mon délire
Troubler l'écho d'alentour répéter :
Ecoute bien il viendra te le dire,
    Adieu Zoé.   (bis).

Alors déjà sur la vague écumante
L'amant voguait sans redouter le sort ;
Un bruit confus toucha sa voix tremblante,
Au chant d'amour succède un chant de mort.
La foudre éclate, mais sans que son âme
Perde le prix que le ciel a frappé ;
Car de sa bouche il semble dire encore :
    Adieu Zoé.   (bis).

DIEU TOUT PUISSANT.

Dieu tout puissant je suis ta créature
Daigne sur moi jeter quelques regards :
Abandonné de toute la nature,
Je suis banni sans pitié, sans égards.
Pour m'abaisser, de tout on est capable,
Je me confesse, je ne puis le nier ;
Pour mon malheur, ah ! je suis bien coupable,
Plaignez (bis) le sort du prisonnier.

Ne suis-je pas puni de ma faiblesse
Dont je languis dans un tombeau vivant ?
Un monde entier me fuit et me délaisse,
La pauvreté me visite souvent ;
Car dans ces lieux où le crime s'exile,
Quoi ! des humains suis-je donc le dernier ?
N'approchez pas de ce funeste asile,
Plaignez (bis) le sort du prisonnier.

Ma bonne mère, hélas ! que vas-tu dire
En me sachant dans ce triste séjour ?
Mais par pitié ne vas pas me maudire,
Je me repents de ma faute en ce jour :
Pour captiver la fortune cruelle,
J'abandonnai ton modeste grenier ;
Et j'ai perdu mon honneur avec elle,
Plaignez (bis) le sort du prisonnier.

Dieu de bonté, quand finiront mes peines ?
Oh ! rends l'espoir de mon cœur agité.
Ah ! réponds-moi, briseras-tu mes chaînes
En me rendant ma douce liberté ?
Oui je renonce à toi, femme jolie,
Pour ton amant tu dois me renier ;
Malgré mon cœur il faut que je t'oublie,
Plaignez (bis) le sort du prisonnier.

Dieu de bonté, quand finiront mes peines ?
Oh ! rends l'espoir de mon cœur agité.
Ah ! réponds-moi, briseras-tu mes chaînes
En me rendant ma douce liberté ?
Oui je renonce à toi, femme jolie,
Car dans ces lieux où le crime s'exile ;
Car dans ces lieux si longtemps j'y demeure.
J'irais bientôt chez le vieux nautonier ;
Et dans les fers s'il faut que je meure,
Plaignez (bis) le sort du prisonnier.

LA FAVORITE.

Viens, viens, je céde éperdu
Au transport qui m'enivre,
Ton amour, ton amour m'est rendu,
Pour l'aimer, pour l'aimer je veux vivre.
Ah ! viens ! j'écoute en mon cœur,
Une voix, une voix qui me crie :
Ah ! va dans une autre patrie,
Va cacher ton bonheur.   *(bis.*

O transport! c'est mon rêve perdu
Qui rayonne et m'enivre,
Son amour, son amour m'est rendu,
Mon Dieu, laisse moi vivre,
O mon Dieu! ô mon Dieu!
J'abandonne mon cœur
A la voix, à la voix qui me crie :
Ah ! va dans une autre patrie,
Va cacher ton bonheur.   *(bis.)*

Vois-tu, ces moines jaloux
Vont saisir leur victime,   *(bis.)*
Ils sont là , ils sont là près de nous;
Mais quel que soit mon crime, *(bis.)*
J'abandonne, j'abandonne mon sort
A la voix, à la voix qui me crie :
Ah ! va dans une autre patrie,
Va cacher ton bonheur.   *(bis.)*

LA JEUNE BERGÈRE.

Non, ce n'est pas chez l'étrangère
Que l'on trouverait, comme au hameau,
Une aussi charmante bergère
Que Lise en gardant son troupeau.

Si vous saviez comme elle belle
En cheminant vers le coteau ,
Quand elle conduit devant elle
De blanches brebis son troupeau.
Si vous saviez qu'elle est jolie !
Que ses yeux inspirent d'amour !
Il faut la voir dans la prairie
Folâtrer par un beau jour.

    Non , etc.

    C'est la plus belle de Saint-Pierre !
Oh ! que de pleurs mouillaient ses yeux
Quand elle priait pour sa mère
Et pour son père déjà vieux !
Toujours dans sa courte prière ,
Elle invoque le roi des cieux
Pour qu'il protège sa chaumière ,
Surtout le pauvre malheureux.

    Non , etc.

    Ah ! que sa taille est élégante !
Ses cheveux sont longs et flottants.
Que sa démarche vous enchante !
Que ses traits vous frappent longtemps !
Son petit pied qu'elle soulève
A peine effleure le gazon.
Toujours sa blanche main s'élève
Quand elle voit un bel horizon.

    Non , etc.

    C'est sur les bords de l'onde pure
Qu'habite cet ange des cieux ,
Cette céleste créature
Qui rend le cœur tout malheureux.
Je donnerais pour la bergère
La belle cité de Paris ;
Je donnerais la terre entière ,
Aussi ma part du paradis.
    Non , etc.

CHANSON NOUVELLE.

Air : *Des yeux bleus.*

REFRAIN.

Pose sur mon cœur, cette croix d'honneur
Que par sa valeur a conquis mon père.
Adieu, tendre sœur, c'est avec bonheur
Que ton jeune frère vole au champ d'honneur.

Enfant chéri de la victoire,
Au poste le plus dangereux,
Mon père aimait suivre la gloire ;
Serais-je, hélas ! moins courageux.
    Pose sur mon cœur, etc.

Adèle, au seul nom de patrie,
Je sens tout émouvoir en moi ;
Avec une troupe guerrière
Nous ferons suivre plus d'un roi.
    Pose sur mon cœur, etc.

Je quitte mon chaume rustique
Pour soutenir la liberté,
En soldat de la République
J'adore la fraternité.
    Pose sur mon cœur, etc.

Mais au hameau qui m'a vu naître
Je reviendrai peut-être un jour ;
Je ne connais pas d'autre mère
Que la trompette et le tambour.
    Pose sur mon cœur, etc.

LA BERGÈRE.

Veux-tu, chère Angélique,
Recevoir mon cœur.
Si tu veux, ma petite,
Je ferai ton bonheur.

Je suis épris de tes beaux attraits,
Enchanté, reçois en ce jour mon amour,
Tu es la plus aimable de toutes les beautés,
Je veux de préference te donner mes amitiés,
Viens, ma bergère, dans mon château, (bis).
Au monde il n'y a rien de si beau.
   Veux tu. etc.

Bous qué parlas de bostré castet qu'es tan bet,
Per amou no pot pas estre à jou.
Reçois, divine bergère, ce bel anneau d'or,
Et cette belle boursette de cent louis d'or.
Guarda bous bostro bourso et bostre anel
As bijous aymi may mas amous,
Jou qu'ey un berger aymable per moun faborit,
Qué mé randra hurouso, quan sara moun marit.

Retira bous bisté d'auprès de jou,
Bostro presenço l'ou randrio jaloux,
Carse bous y attrapabo, danbé soun grand bastoun
Bous doublayo la casaco, sans counpassioun

  Adieu, bergère ingrate,
Je vais donc te quitter pour jamais,
Puisque tu dédaignes mes amitiés,
  Bergère, tu n'es pas sage
  De refuser mon cœur,
  Pour un berger du village,
  Tu refuses un seigneur.

  Nou tardés pas dabantage,
  Qué bous en cau leou aha,
  Sé damouras au boucage,
  Bous beau adicha lou cat.

IMPRIMERIE QUILLOT, A AGEN.

CHOIX
DE CHANSONS

Chantées par Marie MOURAT.

LA CONSIGNE.

Sur le Pont-Louis un jeune militaire
Certaine nuit était en faction,
Quand se présente un groupe téméraire,
Où se trouvait le grand Napoléon,
Qui, s'approchant de la sentinelle,
Entend crier : — Qui vive ! halte-là !
Eloignez-vous, car ma consigne est telle ;
Eloignez-vous, vous ne passerez pas.   *(bis.)*

Il s'approcha, le père de la France,
En lui disant : — Ne pourrais-je passer ;
Regarde-moi, recule à ma présence,
Reconnais donc un général anglais.
— Non, non, dit-il d'une voix redoutable,
Retirez-vous, vous ne passerez pas ;
Soyez Anglais, soyez même le diable,
Retirez-vous, vous ne passerez pas.

Napoléon se voyant sans ressource :
— Tiens, de l'argent, laisse-moi passer ;
— Non, non, dit-il, retirez votre bourse,
L'argent n'est rien pour un soldat français.
Dans mon hameau je labourais la terre,
Dans mon hameau je gardais les brebis ;
Mais à présent que je suis militaire,
Je veux rester fidèle à mon pays.

Napoléon dit à ses compagnons :
— Désarmons-le puisque c'est un Français ;
Dépouillons-le, après nous le pendrons,
S'il ne veut pas nous laisser passer.
— Je suis Français, le soldat lui répète,
Je suis Français, vous ne passerez pas ;
Je suis Français, craignez ma baïonnette ;
Je suis Français, vous ne passerez pas.

Napoléon tournant le front des bottes :
— C'est un gaillard qui n'entend pas raison ;
Il pourrait bien transpercer nos culottes
Et nous faire changer de garnison. —
Le lendemain s'en fut au corps-de-garde,
Napoléon lui demanda son nom.
— Mon ami, voilà de l'argent pour boire,
La croix d'honneur pour décoration.

Oh ! quelle joie pour le cœur de ta mère,
En te voyant couronné de lauriers,
Le ruban rouge à la boutonnière,
La croix d'honneur brillant à ton côté ;
Que diront-ils les gens de ton village,
Car tous viendront en cercle auprès de toi ;
Tu leur diras, avec le même courage :
Regarde-la, mais ne la touche pas.

LE PARJURE.

Il va se marier, le parjure,
Déjà Lambion est glacial ;
Il vient m'inviter ! quelle injure !
Il m'invite d'aller au bal.

Je veux aller à cette fête ;
Que l'on s'apprête à me parer !
J'irai sourire à sa conquête :
O mon Dieu ! si j'allais pleurer. } *bis.*

Déjà la voiture m'emporte ,
Et mon cœur bat toujours pour lui ,
Bientôt on arrive à la porte,
On s'arrête, c'est donc ici ?
Je vois cette foule brillante ,
Déjà le bal est commencé,
Entrons la figure riante ;
Oh ! mon Dieu, si j'allais pleurer.

Mais je le vois là-bas, il danse.
Ses yeux m'inspirent le bonheur ;
Il me voit , et vers moi s'élance ,
Soudain je cache ma pâleur ,
Où est cette beauté fatale ,
Il veut me la faire admirer !
J'irai saluer ma rivale,
Oh ! mon Dieu ! si j'allais pleurer !

Danser ce n'est qu'une folie ,
A peine je puis me soutenir ;
Il me dit que je suis jolie ,
Et qu'un bouquet me fut ravi ,
Oh ! le perfide , il me méprise,
Il se plaît à me tourmenter ,
Fuyons car mon âme se brise
Loin des heureux , allons pleurer !

LE SOLDAT MALHEUREUX.

Entendez-vous là-bas dans la chaumière,
Près de la croix sur le bord du chemin,
Un pauvre enfant, touchant de ses prières,
Il pleure, hélas ! c'est pour avoir du pain,

Bien jeune encor il consolait sa mère,
Qu'attend la mort sur un mauvais grabat.
Vous qui passez, soulagez la misère,
Ah! secourez le fils du vieux soldat.

Depuis trois jours ô triste destinée,
Mon père est mort, et je suis à genoux
Près de ma mère, comme l'infortunée,
Qui pleure, hélas! le meilleur des époux.
Il l'a réduit en bravant la mitraille,
Près de la mort au milieu du combat,
Il a fini ses jours sur cette paille,
Ah! secourez le fils du vieux soldat.

Adieu mon fils, je vais trouver ton père,
Tu reste seul, tu seras plus heureux!
Conserve bien ce noble caractère,
Qui n'appartient qu'au soldat malheureux;
Si quelque jour pour l'honneur de la France,
Tu assistais aux fureurs des combats,
Au déshonneur préfère l'indigence,
Ah! secourez le fils du vieux soldat.

Plus de parents, hélas! plus de fortune!
Je reste seul, et il me faut du pain,
Excusez-moi si je vous importune,
Daignez, monsieur, soulager l'orphelin,
De vos bontés je ferai bon usage,
En attendant que je sache un état,
Voyez, les pleurs inondent mon visage,
Ah! secourez le fils du vieux soldat.

Tours. — Imp. du Commerce. — F. BIDEAUX.

CHANSON NOUVELLE.

AIR : *Des yeux bleus.*

REFRAIN.

Pose sur mon cœur, cette croix d'honneur
Que par sa valeur a conquis mon père.
Adieu, tendre sœur, c'est avec bonheur
Que ton jeune frère vole au champ d'honneur.

Enfant chéri de la victoire,
Au poste le plus dangereux,
Mon pere aimait suivre la gloire ;
Serais-je, hélas ! moins courageux.

    Pose sur mon cœur, etc.

Adèle, au seul nom de la patrie,
Je sens tout émouvoir en moi ;
Avec une troupe aguerrie,
Nous ferons suivre plus d'un roi.

    Pose sur mon cœur, etc.

Je quitte mon chaume rustique,
Pour soutenir la liberté,
En soldat de la République
J'adore la fraternité.

    Pose sur mon cœur, etc.

Mais au hameau qui m'a vu naître
Je reviendrai peut-être un jour ;
Je ne connais pas d'autre mère
Que la trompette et le tambour.

    Pose sur mon cœur, etc.

MARIE.

PAROLES DE M. LOUIS ABADIE.

O dis-moi, douce Marie,
N'es-tu pas la plus jolie
Des reines de la prairie,
Qui passent en chantant le soir.

Ton sourire
Qu'on admire,
Ton tendre cœur qui soupire,
Dans la plaine,
O ma reine,
Je voudrais toujours te voir.

J'ai parcouru l'Italie,
L'Allemagne et la Russie ;
J'ai vu la fille du roi,
Qui n'est pas si bien que toi.
O dis-moi, etc.

Oui j'ai visité la France,
J'ai vu la riche Provence,
Et du Midi jusqu'au Nord,
Je n'ai vu pareil trésor.
O dis-moi, etc.

J'ai vu notre Normandie,
J'ai vu nos îles fleuries,
J'ai vu nos bosquets en fleurs ;
Rien ne sourit à mon cœur.
O dis-moi, etc.

ADIEU ZOÉ.

Adieu Zoé, l'aurore matinale
Blanchit déjà le sommet des côteaux :
L'encens des fleurs en doux parfums s'exhale,
Tout m'avertit de quitter le hameau.

Malgré mes vœux, ma barque fugitive,
Vers l'autre bord m'aura bientôt porté ;
Mais le jour vient, il faut quitter la rive,
    Adieu Zoé, etc.   *(bis.)*

Tiens, reste-là sur le bord du rivage,
Un frais léger t'offrira mes désirs,
Et mes baisers resteront au passage.
Le frais charmant embellit le plaisir ;
Tu m'entendras encor dans mon délire   }
Troubler l'écho d'alentour répéter :
Ecoute bien, il viendra te le dire,
    Adieu Zoé.   *(bis)*.

Alors déjà sur la vague écumante
L'amant voguait sans redouter le sort ;
Un bruit confus toucha sa voix tremblant ,
Au chant d'amour succède un chant de mort.
La foudre éclate, mais sans que son âme
Perde le prix que le ciel a frappé ;
Car de sa bouche il semble dire encore :
    Adieu Zoé.   *(bis.)*

LA JEUNE BERGÈRE.

Non, ce n'est pas chez l'étrangère
Que l'on trouverait comme au hameau,
Une aussi charmante bergère
Que Lise en gardant son troupeau.

Si vous saviez comme elle est belle
En cheminant vers le coteau,
Quand elle conduit devant elle
De blanches brebis son troupeau.
Si vous saviez qu'elle est jolie !
Que ses yeux inspirent d'amour !
Il faut la voir dans la prairie
Folâtrer par un beau jour.

    Non , etc.

C'est la plus belle de Saint-Pierre !
Oh ! que de pleurs mouillaient ses yeux
Quand elle priait pour sa mère
Et pour son père déjà vieux !
Toujours dans sa courte prière,
Elle invoque le roi des cieux,
Pour qu'il protège sa chaumière,
Surtout le pauvre malheureux.

    Non, etc.

Ah ! que sa taille est élégante !
Ses cheveux sont longs et flottants !
Que sa démarche vous enchante !
Que ses traits vous frappent longtemps !
Son petit pied qu'elle soulève
A peine effleure le gazon.
Toujours sa blanche main s'élève
Quand elle voit un bel horizon.

    Non, etc.

C'est sur les bords de l'onde pure
Qu'habite cet ange des cieux,
Cette céleste créature
Qui rend le cœur tout malheureux.
Je donnerais pour la bergère
La belle cité de Paris ;
Je donnerais la terre entière,
Aussi ma part de paradis.

    Non, etc.

Tours. — Imp. du Commerce. — F. BIDEAUX.

LE PORTRAIT.

Tu vas partir, déjà de ton navire,
J'entends le cri du pilote joyeux,
Reviendras-tu? daigne, hélas! me le dire,
Mais pour jamais m'as-tu fait tes adieux.
Oh! réponds-moi, tu gardes le silence,
Je te réclame, hélas! un seul bienfait ;
Par pitié, de ta vive tendresse,
Oh! laisse-moi ton portrait,   (bis).

Oh! traite-moi de mon amour extrême,
Ton portrait seul consolera mon cœur ;
Oh! réponds-moi, tu gardes le silence,
Je te réclame, hélas! un seul bienfait,
Oh! par pitié, de ta vive tendresse,
Oh! laisse-moi ton portrait.   (bis).

Oh! si jamais de l'amour je succombe,
Tu descendras sur tes nombreux attraits,
Tu descendras sur le lieu de la tombe;
Ton portrait seul consolera mon cœur,
Oh! réponds-moi, tu gardes le silence,
Je te réclame, hélas! un seul bienfait,
Oh! par pitié, de ta vive tendresse,
Oh! laisse-moi ton portrait.   (bis).

CHANSON NOUVELLE.

Ce qu'il me faut à moi,
Pour mon triste cœur,
Fait naître l'espérance et reprendre courage,
C'est le bois frémissant de son paisible ombrage,

Où l'on rêve au bonheur,
Où l'on rêve au bonheur,
Pour entrevoir l'azur sous mon ciel d'orage,
C'est toi, c'est toi, oui c'est toi.

Ce qu'il me faut à moi, quand la brise du soir
Caresse avec amour la fleur de la vallée,
Quand je t'appelle en vain de ma voix désolée,
Comme un rayon d'espoir,
Comme un rayon d'espoir,
Pour animer en moi la croyance envolée,
Ce qu'il me faut à moi, c'est toi,
Ce qu'il me faut à moi, c'est toi, oui, c'est toi.

Ce qu'il me faut à moi, qu'il irait plus à mon cœur,
Qu'un homme au désespoir qu'il dessèche ma vie,
Ce mot d'amour; oh! mon âme ravie!
C'est un peu de bonheur,
C'est un peu de bonheur,
Pour donner à mon cœur ce bonheur qu'il envie,
Ce qu'il me faut à moi, etc.

LA BÉNÉDICTION D'UN PÈRE.

Ma fille, ô ma fille chérie!
Pour me quitter, tu te mets à genoux;
Tu vas donc quitter ta patrie
Et le toit paternel pour celui d'un époux?
Pour la première fois ta chambre sera vide,
J'irai prêtant l'oreille au doux bruit de tes pas:
Dans ce foyer désert, dans ce jardin aride,
Pour la première fois, je ne t'entendrai pas,
Mais pourtant sois heureuse,
Suis l'époux, suis l'époux, avec qui je t'unis,
Mais pourtant sois heureuse, enfant je te bénis.

Mais Dieu, Dieu commande à la femme
De tout quitter pour suivre son époux;

Va donc, sans regret dans ton âme,
Compagne de celui qui t'exile de nous.
Donne-lui tout ton cœur et ta pensée entière,
Oh ! pour lui maintenant, pour lui tout ton amour,
Mais garde un souvenir, mon enfant, pour ton père
Qui, séparé de toi, pleurera plus d'un jour.
Mais pourtant, etc.

A vous, si je vous le confie
Ce bien si cher, ce bien si précieux,
Je vous donne plus que ma vie,
C'est enfin la nommer le plaisir de mes yeux.
Vous me remplacerez près d'elle sur la terre,
Vous me l'avez juré, vous le jurez encor ;
Et puis si vous l'aimez comme l'aimait son père,
Ah ! vous aurez payé le prix de mon trésor.
Si ma fille est heureuse *(bis)*,
Dans mon cœur *(bis)*, oui, vous serez unis,
Dans mon cœur, avec elle, enfants je vous bénis.

LE SERMENT.

J'ai reçu le serment, oh ! douleur !
Le cri de guerre a frappé la montagne ;
Mais jure encore, par la vierge d'Espagne,
De me garder ton amour et ton cœur.   *(bis)*

C'est qu'à mon délire
L'espoir me sourit autant que mon Dieu ;
C'est qu'à mon délire
L'espoir me sourit au dernier adieu.

Jure-le moi, par ta mère, au tombeau,
Fier catalan, la vengeance m'appelle ;
Mais je promets, si tu restes fidèle,
A Notre-Dame, un glorieux drapeau.
C'est qu'à mon délire, etc.

De par ce fer, jure-moi bien ta foi,
Sur mon coursier, je vole à la victoire ;
Mais si jamais tu ternissais ma gloire,
Vois ce poignard, malheur, malheur à toi !
C'est qu'à mon délire, etc.

Tours. — Imp. du Commerce.   F. BIDEAUX.

CHOIX
DE CHANSONS

Chantées par Marie Mourat.

LA CONSIGNE.

Sur le pont Louis, un jeune militaire
Certaine nuit était en faction,
Quand se présente un groupe téméraire
Où se trouvait le grand Napoléon,
Qui, s'approchant près de la sentinelle,
  Entend crier : Qui vive! halte-là !
  Eloignez-vous, car ma consigne est telle,
Eloignez-vous, vous ne passerez pas.   bis.

Il s'approcha, le père de la France,
En lui disant: Ne pourrai-je passer?
Regarde-moi, recule à ma présence,
Reconnais donc un général anglais.
— Non, non, dit-il, d'une voix redoutable,
Retirez-vous, vous ne passerez pas ;
Soyez Anglais, soyez même le diable,
Retirez-vous, vous ne passerez pas.

Napoléon, se voyant sans ressource,
— Tiens de l'argent et laisse-moi passer.
— Non, non, dit-il, retirez votre bourse,
L'argent n'est rien pour un soldat français ;
Dans mon hameau je labourais la terre,
Dans mon hameau je gardais les brebis,
Mais à présent que je suis militaire,
Je veux rester fidèle à ma patrie.

Napoléon dit à ses frères d'armes,
— Désarmons-le, puisque c'est un Français,
Dépouillons-le, retirons-lui ses armes,
S'il ne veut pas nous laisser avancer.
— Je suis Français, le soldat lui répète,
Je suis Français, vous ne passerez pas ;
Je suis Français, craignez ma baïonnette,
Je suis Français, vous ne passerez pas.

Napoléon, tournant alors ses bottes :
— C'est un gaillard qui n'entend pas raison ;
Il pourrait bien nous percer les culottes
Et nous faire changer de garnison.
Le lendemain, étant au corps-de-garde,
Napoléon lui demanda son nom.
—Tiens, mon ami, prends cet argent pour boire,
La croix d'honneur pour décoration.

Oh ! quelle joie pour le cœur de ta mère,
En te voyant couronné de lauriers,
Le ruban rouge orne ta boutonnière,
La croix d'honneur brillant à ton côté ;
Que diront-ils, les gens de ton village,
Car tous viendront en cercle auprès de toi ;
Tu leur diras avec même courage :
Regardez-la, mais ne la touchez pas.

LE PARJURE.

Il va se marier, le parjure,
Déjà Lambion est glacial ;
Il vient m'inviter ! quelle injure !
Il m'invite d'aller au bal.
Je veux aller à cette fête ;
Que l'on s'apprête à me parer !
J'irai sourire à sa conquête ;
O mon Dieu ! si j'allais pleurer !

Déjà la voiture m'emporte,
Et mon cœur bat toujours pour lui,
Bientôt on arrive à la porte,
On s'arrète, c'est donc ici?
Je vois cette foule brillante,
Déjà le bal est commencé,
Entrons la figure riante ;
Oh! mon Dieu, si j'allais pleurer!

Mais je le vois là-bas, il danse.
Ses yeux m'inspirent le bonheur ;
Il me voit, et vers moi s'élance,
Soudain je cache ma pâleur,
Où est cette beauté fatale.
Il veut me la faire admirer!
J'irai saluer ma rivale,
Oh! mon Dieu! si j'allais pleurer,

Danser ce n'est qu'une folie,
A peine je puis me soutenir ;
Il me dit que je suis jolie,
Et qu'un bouquet me fut ravi,
Oh! le perfide, il me méprise,
Il se plaît à me tourmenter,
Fuyons, car mon âme se brise,
Loin des heureux, allons pleurer !

LE SOLDAT MALHEUREUX.

Entendez-vous, là-bas, dans la chaumière,
Près de la croix sur le bord du chemin.
Un pauvre enfant; touchant dans ses prières,
Il pleure, hélas! c'est pour avoir du pain,
Bien jeune encor il consolait sa mère,
Qu'attend la mort sur un mauvais grabat.
Vous qui passez, soulagez la misère,
Ah! secourez le fils du vieux soldat.

Depuis trois jours, ô triste destinée !
Mon père est mort, et je suis à genoux
Près de ma mère, comme l'infortunée,
Qui pleure, hélas ! le meilleur des époux.
Il l'a réduit en bravant la mitraille,
Près de la mort au milieu du combat,
Il a fini ses jours sur cette paille,
Ah! secourez le fils du vieux soldat.

Adieu, mon fils, je vais trouver ton père,
Tu restes seul, tu seras plus heureux!
Conserve bien ce noble caractère,
Qui n'appartient qu'au soldat malheureux ;
Si quelque jour, pour l'honneur de la France,
Tu assistais aux fureurs des combats,
Au déshonneur préfère l'indigence.
Ah! secourez le fils du vieux soldat,

Plus de parents, hélas! plus de fortune!
Je reste seul, et il me faut du pain,
Excusez-moi si je vous importune,
Daignez, monsieur, soulager l'orphelin,
De vos bontés je ferai bon usage,
En attendant que je sache un état,
Voyez, les pleurs inondent mon visage;
Ah! secourez le fils du vieux soldat.

CHANSON NOUVELLE.

Air : *Des yeux bleus.*

REFRAIN.

Pose sur mon cœur, cette croix d'honneur
Que par sa valeur a conquise à mon père.
Adieu, tendre sœur, c'est avec bonheur
Que ton jeune frère vole au champ d'honneur.

Enfant chéri de la victoire,
Au poste le plus dangereux,
Mon père aimait suivre la gloire :
Serais-je, hélas! moins courageux.
    Pose sur mon cœur, etc.

Adèle, au seul nom de patrie,
Je sens tout émouvoir en moi ;
Avec une troupe aguerrie,
Nous ferons suivre plus d'un roi.
    Pose sur mon cœur, etc.

Mais au hameau qui m'a vu naître
Je reviendrai peut-être un jour ;
Je ne connais pas d'autre mère
Que la trompette et le tambour.
   Pose sur mon cœur, etc.

MARIE.

PAROLES DE M. LOUIS ABADIE.

Oh ! dis-moi, douce Marie,
N'es-tu pas la plus jolie
Des reines de la prairie,
Qui passent en chantant le soir?

   Ton sourire
   Qu'on admire,
Ton tendre cœur qui soupire,
   Dans la plaine,
   O ma reine,
Je voudrais toujours te voir.

J'ai parcouru l'Italie,
L'Allemagne et la Russie ;
J'ai vu la fille du roi,
Qui n'est pas si bien que toi.

   Oh! dis-moi, etc.

Oui, j'ai visité la France,
J'ai vu la riche Provence,
Et du Midi jusqu'au Nord,
Je n'ai vu pareil trésor.

   Oh ! dis-moi, etc.

J'ai vu notre Normandie,
J'ai vu nos îles fleuries,
J'ai vu nos bosquets en fleurs ;
Rien ne sourit à mon cœur.

   Oh ! dis-moi, etc.

ADIEU, ZOÉ.

Adieu, Zoé, l'aurore matinale
Blanchit déjà le sommet des côteaux :
L'encens des fleurs en doux parfums s'exhale,
Tout m'avertit de quitter le hameau.
Malgré mes vœux, ma barque fugitive,
Vers l'autre bord m'aura bientôt porté ;
Mais le jour vient, il faut quitter la rive,
    Adieu Zoé.   (bis.)

Tiens, reste-là sur le bord du rivage,
Un frais léger t'offrira mes désirs,
Et mes baisers resteront au passage.
Le frais charmant embellit le plaisir ;
Tu m'entendras encor dans mon délire
Troubler l'écho d'alentour répéter :
Ecoute bien, il viendra te le dire,
    Adieu Zoé.   (bis.)

Alors déjà sur la vague écumante
L'amant voguait sans redouter le sort ;
Un bruit confus toucha sa voix tremblant,
Au chant d'amour succède un chant de mort.
La foudre éclate, mais sans que sa belle âme
Perdre le prix que le ciel a frappé ;
Car de sa bouche il semble dire encore :
    Adieu Zoé.   (bis.)

LA JEUNE BERGÈRE.

Non, ce n'est pas chez l'étrangère
Qu'on trouverait comme au hameau ,
Une aussi charmante bergère
Que Lise en gardant son troupeau

  Si vous saviez comme elle est belle
  En cheminant vers le côteau,
  Quand elle conduit devant elle
  De blanches brebis son troupeau.
  Si vous saviez qu'elle est jolie !
  Que ses yeux inspirent l'amour !
  Il faut la voir dans la prairie
  Folâtrer par un beau jour.
    Non, etc.

C'est la plus belle de Saint-Pierre!
Oh! que de pleurs mouillaient ses yeux
Quand elle priait pour sa mère
Et pour son père déjà vieux!
Toujours dans sa courte prière,
Elle invoque le Roi des cieux,
Pour qu'il protège sa chaumière,
Surtout le pauvre malheureux.
    Non, etc.

Ah! que sa taille est élégante!
Ses cheveux sont longs et flottants!
Que sa démarche vous enchante!
Que ses traits vous frappent longtemps!
Son petit pied qu'elle soulève
A peine effleure la gazon.
Toujours sa blanche main s'élève
Quand elle voit un horison.
    Non, etc.

C'est sur les bords de l'onde pure
Qu'habite cet ange des cieux,
Cette céleste créature
Qui rend le cœur tout malheureux.
Je donnerais pour la bergère
La belle cité de Paris ;
Je donnerais la terre entière,
Aussi ma part de paradis.
    Non, etc.

LE PORTRAIT.

Tu vas partir, déjà de ton navire,
J'entends le cri du pilote joyeux;
Reviendras-tu? daigne, hélas! me le dire,
Mais pour jamais m'as-tu fait tes adieux ?
Oh! réponds-moi, tu gardes le silence,
Je te réclame, hélas! un seul bienfait ;
Oh ! par pitié, de ta vive tendresse,
Oh! laisse moi ton portrait.   (bis).

Oh! traite-moi, à cette heure suprême
Comme un ami ; ce gage de bonheur
Dans les tourments de mon amour extrême,
Ton portrait seul consolera mon cœur :
Oh! réponds-moi, tu gardes le silence,
Je te réclame, hélas ! un seul bienfait,
Oh ! par pitié, de ta vive tendresse,
Oh ! laisse-moi ton portrait.   (bis).

Oh! si jamais de l'amour je succombe,
Tu descendras sur tes nombreux attraits
Tu descendras sur le lieu de la tombe;
Ton portrait seul consolera mon cœur,
Oh! réponds-moi. Tu gardes le silence;
Je te réclame, hélas! un seul bienfait,
Oh! par pitié, de ta vive tendresse,
Oh! laisse-moi ton portrait.   (bis).

CHANSON NOUVELLE.

Ce qu'il me faut à moi,
Pour mon triste cœur,
Fait naître l'espérance et reprendre courage,
C'est le bois frémissant de son paisible ombrage,
Où l'on rêve au bonheur,
Où l'on rêve au bonheur,
Pour entrevoir l'azur sous mon ciel d'orage,
C'est toi, c'est toi, oui, c'est toi.

Ce qu'il me faut à moi, quand la brise du soir
Caresse avec amour la fleur de la vallée,
Quand je t'appelle en vain de ma voix désolée,
Comme un rayon d'espoir.
Comme un rayon d'espoir,
Pour animer en moi la croyance envolée.
Ce qu'il me faut à moi, c'est toi,
Ce qu'il me faut à moi, c'est toi, oui, c'est toi.

Ce qu'il me faut à moi, qu'il irait plus à mon cœur
Qu'un homme au désespoir qu'il dessèche ma vie,
Ce mot d'amour; oh! mon âme ravie!
C'est un peu de bonheur,
C'est un peu de bonheur,
Pour donner à mon cœur ce bonheur qu'il envie,
Ce qu'il me faut à moi, c'est toi, oui, c'est toi.

LA BÉNÉDICTION D'UN PÈRE.

Ma fille, ô ma fille chérie!
Pour me quitter, tu te mets à genoux;
Tu vas donc quitter ta patrie
Et le toit paternel pour celui d'un époux?

Pour la première fois ta chambre sera vide,
J'irai, prêtant l'oreille au doux bruit de tes pas :
Dans ce foyer désert, dans ce jardin aride,
Pour la première fois, je ne t'entendrai pas.
    Mais pourtant, sois heureuse,   (bis).
Suis l'époux, suis l'époux, avec qui je t'unis,
Mais pourtant, sois heureuse, enfant, je te bénis !

    Mais Dieu, Dieu commande à la femme
    De tout quitter pour suivre son époux ;
    Sois donc, sans regret dans ton âme,
    Compagne de celui qui t'exile de nous.
Donne-lui tout ton cœur et ta pensée entière,
A lui seul maintenant, à lui tout ton amour,
Mais garde un souvenir, mon enfant, pour ton père
    Qui, séparé de toi, pleurera plus d'un jour.
      Mais pourtant, etc.

    O vous, vous à qui je confie,
    Ce bien si cher, ce bien si précieux ;
    Je vous donne plus que ma vie :
    C'est enfin la nommer le plaisir de mes yeux.
    Vous me remplacerez près d'elle sur la terre,
    Vous me l'avez juré, vous le jurez encor ;
Et puis, si vous l'aimez comme l'aimait son père,
    Ah ! vous aurez payé le prix de mon trésor.
    Si ma fille est heureuse,   (bis).
Dans mon cœur (bis), oui, vous serez unis.
Dans mon cœur, avec elle, enfants, je vous bénis.

LE SERMENT.

    J'ai reçu le serment, oh ! douleur !
    Le cri de guerre a frappé la montagne ;
    Mais jure encore, par la vierge d'Espagne,
    De me garder ton amour et ton cœur.   (bis.)

      C'est qu'à mon délire
    L'espoir me sourit autant que mon Dieu ;
      C'est qu'à mon délire
    L'espoir me sourit au dernier adieu.

    Jure-le moi, par ta mère, au tombeau,
    Fier Catalan, la vengeance m'appelle ;
    Mais je promets, si tu restes fidèle,
    A Notre-Dame, un glorieux drapeau.
      C'est qu'à mon délire, etc.

De par ce fer, jure-moi bien ta foi,
Sur mon coursier, je vole à la victoire ;
Mais si jamais tu ternissais ma gloire,
Vois ce poignard; malheur, malheur à toi!
C'est qu'à mon délire, etc.

L'HOMME INCOMPARABLE

Air : *des Truands.*

Je suis un homme incomparable,
Je fais tous les métiers ;
Je suis cocher, je vends des tables,
Et dans bien des quartiers,
Je crie à perdre haleine :
« Qui veut du hareng frais et nouveau. »
J'vends aussi d'la romaine,
Et je suis porteur d'eau.

suis ramoneur, sauteur, chanteur,
Même décroteur, ciseleur, chauffeur,
Aussi racoleur, crieur, danseur ;
J'veuds d'la chandelle,
A l'aune d'la dentelle ;
Je suis tonnelier, sellier, bourrelier,
Garçon-épicier et cordonnier.
Je vends du cirage,
J'suis marchand d'images
Et suis ferblantier.

J'vends aussi des pommes de terre frites
Et je suis raffineur ;
Je tiens de la faïence et des marmites
Et je suis dégraisseur.
Je tonds aussi des caniches;
Je suis marchand de cresson,
Je vends du plomb, je colle des affiches,
Je fais rôtir des marrons.

Je suis serrurier, puis armurier,
Même charbonnier et charcutier,
Aussi vitrier, puis marbrier.
Je vends des pommades pour bien des malades;
Au besoin acteur; siffleur, chanteur.
Claqueur et pêcheur, chasseur, fileur ;
Je descends des barques.

J' vends des contremarques,
Et j' suis fort au beurre.
J' dis aussi la bonne aventure,
Je suis marchand de crayons ;
J' vends des pommes à la petite voiture,
J'adjuge les maisons,
J'allume les lanternes,
J' suis débardeur, même vidangeur,
Je balaye les casernes,
Et je suis ingénieur,
J' suis marchand tailleur,
Puis imprimeur , aussi ravageur.

Même fondeur, d'Notre-Dame sonneur,
Et rempailleur ;
J' suis lithographe,
Aussi typographe ,
Je suis distillateur, rétameur ,
Puis très bon jongleur, aussi tourneur.
J'achète des vessies, je vends des bougies.
Et je suis margeur ,

Je vends des allumettes chimiques,
J'achète des peaux d' lapin ;
Je ramasse les bouts de cigare , les chiques
Et je vends des crispins.
J' suis apothicaire,
J' vends de l'onguent.
Je donne des lavements,
Et puis à la barrière,
J' vends des œufs-rois d' six blancs.

Je suis garçon, maçon, je vends du chiffon
J' ramasse le carton,
J' fais des bouchons,
Encore je vends de l'oignon .
Je suis charron,
J' suis facteur d'orgue.
J' travaille à la morgue ;
J' suis même teinturier et chaudronnier,
Puis marécager , aussi charretier ;
J'ouvre les portières,
Employé de barrières,
Et j' suis chansonnier.

LA MANOLA.

De l'Aragona, de la Castille,
Toi que l'on dit la plus gentille,
Accours vers nous, sous ta mantille·
Pourquoi tarder, ma Juanetta?
N'entends-tu pas les farandoles,
Les vives danses espagnolles
Des Manolas, jeunesses folles,
Au loin chantant, dansant déjà.

REFRAIN. Allons, ma belle, allons ma reine,
   Vite au Prado ; chacun est là,
   Prêt à fêter la souveraine
   De la Jota aragonaise,   bis.
   Ah! ah! ah! ah! ah! ah! ah!

Ne sais-tu pas que la Castille,
Grenade et l'Andalousie
Ont envoyé la plus gentille
Des Manolas pour la Jota?
Allons, enfants, la nuit nous gagne,
Déjà Madrid est en campagne
Pour voir danser la fleur d'Espagne
Qui ne vaut pas ma Juanetta.
   Allons ma belle, etc.

Mais tout se tait dans ta demeure,
La brise seule arrive et pleure ;
Dans les grands arbres qu'elle effleure,
Tout fait silence, et je suis-là.
Quand une voix douce et gentille
Sortit du fond de la charmille,
Soudain parut la jeune fille
Qui répondit : Oui, me voilà.
Puisqu'au Prado chacun m'entraîne,
Des Juanetta, je suis la reine
De la Jota Aragonaise. Ah! ah! ah! etc.

Bordeaux. Imp. Gausserouge, pl. Puypaulin, 9

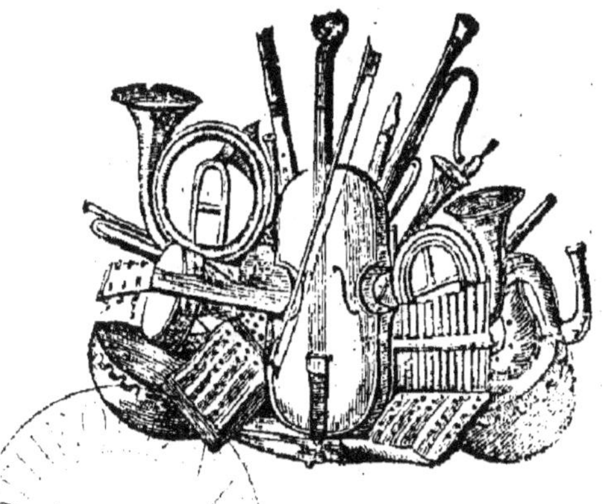

CHOIX
DE CHANSONS

CHANTÉES

PAR MARTIAL VANIN.

LE PEUPLE A NAPOLÉON.

REFRAIN.

Louis-Napoléon,
Le peuple de la France,
Trouve sa délivrance,
En retrouvant ton nom.

Amis chantons à la gloire de la France,
Une chanson de Louis-Napoléon ;
C'est lui qui vient ranimer l'espérance
Au sein de notre belle nation.
Nous espérons que cet enfant chéri,
A notre France, apportera le bonheur ;
Peuple Français, comptez sur votre ami,
Sur le neveu de notre grand empereur.

Napoléon, quand ce beau nom résonne,
Peuple Français, quoi, ne sentez-vous pas
Dans votre cœur, votre sang qui bouillonne
De cet élan dont tous les vieux soldats,

D'un souvenir si cher à leur mémoire,
Oui, ton nom seul, oui, fait battre mon cœur.
Tous tes hauts faits seront gravés dans l'histoire,
Comme ton oncle, notre grand empereur.

Napoléon, commence ta carrière,
Sois bon Français et nous t'applaudirons
Prends l'intérêt de la classe ouvrière,
Pense à nos maux et nous te chérirons.
Toi président, vois la France qui t'implore ;
Sois son soutien et fais notre bonheur ;
Attire sur toi du ciel la clémence,
Et sois toujours notre libérateur.

Fait par Martial VANIN.

CHANSON DE LOUIS-NAPOLÉON.

Air : de *Vive Paris*.

Napoléon qui naquit sous l'Empire,
Comme son oncle suivant ses leçons,
A su chasser l'infâme tyrannie
Qui ne voulait que lâche trahison ;
Non, non, en France plus de traîtres
Qui nourrissent dans leur cœur un poison,
Il s'est donc montré le maître,
Comme l'a fait le grand Napoléon.   (*bis.*)

Depuis longtemps, peuple dans la souffrance,
Vous ignoriez ma grande vertu ;
Mais mon pouvoir vient de sauver la France,
Et c'est par vous que je viens d'être élu.
Comptez sur moi, comptez sur mon courage,
Le glaive en main, je défendrai vos droits,
Comme mon oncle, digne de cette tâche,
Et comme lui grand ennemi des rois.   (*bis.*)

Et si jamais l'étranger nous menace,
Rallions-nous, ne faisons qu'un accord ;
Courons aux armes pour punir son audace ;
Pour ennemis, ne comptons que les morts.
Rappelons-nous que, comme nos vieux braves,
Nous sommes aussi fidèles à l'honneur,
Et que nous ne craignons point d'entraves,
Avec le neveu de l'empereur,

Grands autocrates de Russie et d'Autriche,
Rappelez-vous de notre grand renom ;
Quand nous avons enfoncé vos bastilles
Et vos remparts et pris tous vos canons.
Notre étendard tricolore toujours brille,
A notre tête, Louis Napoléon
Rendra toujours la France invincible,
Sera toujours digne du grand renom.

HOMMAGE A LOUIS NAPOLÉON.

Napoléon, notre illustre espérance,
Vient de sauver la France de tout danger,
Les ennemis de notre belle France
Verront un jour la France prospérer.
Quoiqu'ils disaient dans leur infamie :
Napoléon ne sait pas gouverner.
Mais maintenant il vous prouve, vous dis-je,
Qu'un bon Français sait se faire respecter.

Prince illustre d'un nom que l'on révère,
Comme son oncle il fera son chemin ;
Il prouvera à la classe ouvrière
Que lui seul sera son soutien.
Je veux, dit il, que l'ouvrier vive,
De son salaire, son unique soutien ;
Et d'un seul mot que tout le peuple dise :
Napoléon va nous tendre la main.

Peuple chéri, non jamais de ma mémoire
Ne sortira le souvenir de vos bienfaits,
Et pour vous seul je trouverai ma gloire
En me faisant soutien des bons Français ;
Je consacrerai toute ma vie entière,
Pour la défense et le maintien de vos droits,
Et l'on dira dans bien peu je l'espère :
Napoléon protège les Français !

Martial VANIN.

LE VIEUX SOUVENIR DU GRAND HOMME.

Je vais encor vous parler du grand homme ;
De lui toujours j'ai le beau souvenir,

Et c'est pourquoi toujours je le renomme,
Jamais son nom ne pourra se ternir.
Ne fallait pas deux fois que l'on le somme,
Rien au combat n'a pu le retenir.

Mais il n'est plus, le preux de Sainte-Hélène, *(bis.)*
Trop tôt pour nous trouva la mort ;
Qu'il était beau, notre grand capitaine,
Que n'existe-t-il pas encor !

De l'univers il était l'invincible,
Faisait trembler les rois dans leurs palais ;
Autant que bon, il se montrait terrible,
Au champ d'honneur lui-même commandait ;
Au valeureux il se montrait sensible,
De son cordon lui-même le décorait.
    Mais il n'est plus, etc.

Il préférait à tous les édifices
Le champ d'honneur et glorieux combats ;
Il visitait aussi tous les hospices,
Et ne prêchait que le bien de l'Etat.
Il rapporta du Pérou et de Cadix
Des lingots d'or et milliers de ducats.
    Mais il n'est plus, etc,

Quand à Paris il était sur le trône,
C'était vraiment un plaisir de le voir ;
Il parcourait sans que ça vous étonne,
Les ateliers, chantiers, laboratoires,
Chez l'indigent il allait en personne,
Le soulager, sans se faire valoir.
    Mais il n'est plus, etc.

Rappelons-nous qu'un jour, à Sainte-Hélène,
Lorsqu'il prédit que notre France, un jour,
Serait Cosaque, ou bien Républicaine,
Il ne s'est pas trompé dans son discours
Puisqu'aujourd'hui sa parole est certaine,
A ses hauts faits répétons tour à tour ;
Honneur ! honneur au preux de Sainte-Hélène, *(bis)*
Trop tôt pour nous trouva la mort ;
Il dort en paix aux rives de la Seine,
Que n'existe-t-il pas encor !

Le Mans. — Imp. de Julien, Lanier et C°.

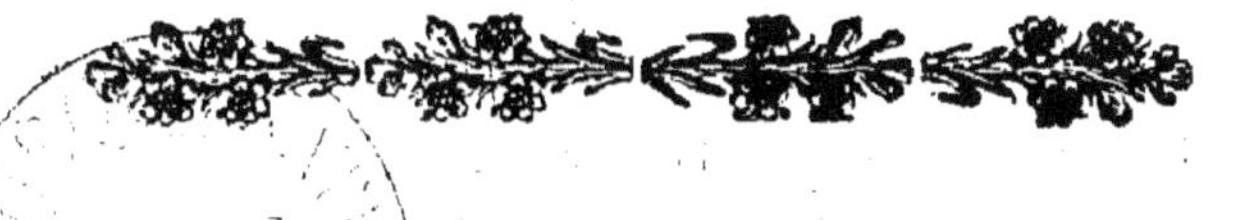

LA VIOLETTE.

REFRAIN.

Partons, douce et coquette,
Partons nous divertir,
Cueillir la violette,
  Ma bergerette,
Cela fait tant plaisir.

Entendant le ramage
De ces petits oiseaux,
Et sous le vert feuillage,
Au son du chalumeau ;
Pour vous, fillettes sages,
En dansant alentour,
Les garçons du village
Chanteront tour à tour :
    Partons, etc.

Un jour, étant à l'ombre,
Le soleil radieux
Me couvrant de son ombre
Me fit voir sous les cieux
Une fleur printannière
Qui, prête à s'effeuiller,
Me fit à ma bergère
Lui dire : va la cueillir.
    Partons, etc.

Pour une violette,
Ah ! quel heureux moment !
Lorsque ma bergerette
Me fit, en souriant,
Voir avec sa houlette
Le lieu charmant, chéri,
Où toutes les fillettes
Vont chanter à l'envi.
    Partons, etc.

Un jour, sous une treille,
Avec mon tendre objet,
Caressant ma bouteille
D'un bleu couleur violet,

Je me vis face à face
De bien jolis tendrons,
Qui, faisant la grimace,
Disaient à nos garçons :

Partez, garçons, fillettes,
Allez vous divertir,
Cueillant la violette,
Sous la coudrette,
Cela fait tant plaisir.

Propriété.   Martial **VANIN**.

L'ÉLOGE DE MA FEMME.

AIR : *Dis-moi, Péters, par amitié.*

Jacquot, mon petit perroquet,
Que j'achetai de confiance,
Loin de briller par son caquet,
Est, je crois, muet de naissance.
De mes jurons, pour l'enjoler,
En vain j'épuise le programme ;
Le drôle ne veut point parler...
C'est le contraire de ma femme.

Mon père en mourant m'a laissé
Quatre arpents de vigne stérile ;
Longtemps à tort j'ai dépensé
Mes soins pour la rendre fertile.
Tous les ans un moutard me vient
Du ciel sans que je le réclame ;
Si ma vigne ne produit rien,
C'est le contraire de ma femme.

Selon notre Ancien Testament,
Au temps passé, l'obéissance
Etait le plus bel ornement
Du sexe ennemi du silence.
Alors, c'était pour un mari
Un heureux temps, je le proclame :
On le laissait maître chez lui..
C'est le contraire de ma femme.

— Voisin, qu'as-tu donc ce matin?
— Je viens de soigner mon épouse,
Qui m'a traité de libertin ;
Tu sais combien elle est jalouse!

— Heureux coquin, dis-je entre nous,
Ta moitié, redoutant le blâme,
Sans riposter, reçoit les coups !
C'est le contraire de ma femme.

En cachette de l'ennemi,
Un soir, près de jeune conquête,
Ne voulant rien faire à demi,
Vins choisis furent de la fête.
Mais, en véritable étourneau,
J'en fus pour mes frais, car la dame
Ne voulut boire que de l'eau :
C'est le contraire de ma femme.

J'ai certain vin dans mon cellier
Dont l'âge est assez respectable.
Aux grands jours, loin de l'oublier.
Sa présence honore ma table.
Son âge n'est point un défaut,
Vieux vin souvent rajeunit l'âme :
Plus il vieillit et mieux il vaut...
C'est le contraire de ma femme,   A. LOYNEL.

JE N'AI PLUS QU'UN BRAS.

Je fus soldat pour ma belle patrie,
Avec honneur je servis mon pays ;
Dans les combats, en exposant ma vie,
Je poursuivis les traîtres ennemis :
A Mascara une balle me frappe,
Et je tombai croyant à mon trépas ;
Je me disais : c'est ma dernière étape,
Et cependant il me restait un bras.   (bis.)

L'on me porta de suite à l'ambulance,
Où je reçus de vifs et prompts secours,
Je me disais, hélas ! ma belle France,
Je ne peux plus te servir en ce jour ;
Mais cependant, quoiqu'il me reste un membre,
O fiers Arabes, n'y revenez pas,
Car ma revanche, je pourrais la reprendre,
Vous le savez : vous me devez un bras.   (bis.)

Pour ma patrie, en mon orgueil encore,
Aucun Arabe n'a pu me terrasser
En combattant devant le tricolore ;
Mais par malheur, je suis blessé.

VENGEANCE DES ARABES
ET
Délivrance miraculeuse.

Le navire le *Jeune-Aristide*, partant de Marseille le 1er janvier 1852, pour se rendre à Alger, ayant à bord 122 personnes, dont 94 passagers, fut assailli par une violente tempête qui le surprit au passage du golfe de Lion, qui se trouve au-dessous de l'embouchure du Rhône, ce qui le força de relâcher à Mahon, où il resta quinze jours pour attendre le beau temps et radouber le navire, qui avait essuyé quelques avaries; enfin il remit à la voile le 17. Le ciel était serein, la mer calme; tout faisait présager une heureuse traversée. Mais, vers les quatre heures du soir, le ciel se couvre, la mer s'agite avec force, les oiseaux marins font entendre leurs cris lugubres; un funeste pressentiment s'empare de tout l'équipage, car tout annonçait une terrible catastrophe; tout est en mouvement à bord de l'*Aristide*.

Cependant, le brave capitaine Neyer, avec un calme apparent, ne cesse d'encourager son monde; mais une pluie glaciale et abondante absorbe leurs facultés, le vent souffle avec violence, le tonnerre gronde avec fracas; le roulis du navire force tous ces malheureux à se tenir cramponnés pour éviter un choc violent. Dans ce moment d'anxiété et de souffrance, chacun adressait des vœux au ciel qui semblait avoir déchaîné tous les éléments pour cette nuit de douleur; la pâleur de la mort était empreinte sur tous les visages, toutes les horreurs d'une mort prochaine rendait ces malheureux immobiles de frayeur; on eût dit une troupe de statues de marbre représentant la Terreur.

M. Lézetier, le digne ecclésiastique, était à genoux, implorant la miséricorde divine, appelant à haute voix Notre-Dame-de-Bon-Secours pour qu'elle leur vînt en aide; mais Dieu les préparait à de plus terribles épreuves, car aussitôt un bruit affreux se fait entendre dans l'intérieur du bâtiment, aussi prompt que l'éclair, chacun semble avoir acquis de nouvelles forces et se précipite à l'endroit d'où est parti ce bruit : ô comble de désespoir! on s'aperçoit que le navire a touché un rocher, la quille est entièrement brisée, l'eau pénètre dans l'intérieur; on court aux pompes, mais inutilement, le navire est près de s'engloutir, on n'a que le temps de mettre deux embarcations à la mer; chacun s'y précipite en désordre. Au même instant, le navire s'engloutit et disparaît pour toujours.

Voilà donc ces malheureux dans de faibles esquifs luttant contre tous les éléments déchaînés. Plus de manœuvre, les barques voguent au gré des flots, ils ignorent où ils se trouvent. (Ils étaient au-delà du golfe de Tlemcen).

A dix heures, le temps s'éclaircit, la mer devient calme, une certaine joie semble ranimer ces malheureux épuisés de fatigue, mais n'ayant pas pris de vivres, ils se voient obligés de lutter contre la faim. Ils aperçoivent enfin le rivage, ils s'y dirigent à force de rames, un bruit confus de voix frappe leurs oreilles : ils abandonnent leurs barques après les avoir attachés, et marchent avec toute la vitesse que leur permet leur peu de forces, vers des feux qui semblent leur annoncer la fin de leurs souffrances : à peine sont-ils arrivés à une espèce de bourgade ou tribu nomade, pour y demander du secours, qu'ils se voient assaillis par une troupe de barbares qui, après les avoir reconnus pour des Français, les garottèrent, sans humanité pour leur position. Après leur avoir attaché les pieds et les mains, ils les mirent dans un étroit cachot, où ils étaient comme entassés. Ils les y laissèrent jusqu'au lendemain, ne leur donnant que très peu de nourriture.

Le lendemain matin, jour où devait se passer une scène de crimes et d'horreurs, on les fit sortir du cachot pour les conduire sur la place publique, entourés d'une multitude effrénée de peuple qui les menaçait du geste et de la voix. Le chef de la tribu s'adresse au capitaine Neyer, et lui dit :

Je sais que les Français savent faire la guerre, j'en ai l'expérience, depuis vingt ans qu'ils sont sur notre territoire ; mais aujourd'hui tu vas apprendre comment l'Arabe sait se venger. Tu vois ces poteaux ? eh bien, vous y serez attachés, et ensuite je vous fais arracher les ongles, les dents, couper les doigts des pieds et des mains, le nez, les oreilles ; encore n'est-ce qu'un prélude aux souffrances que je vous prépare. Cependant, il y a un moyen de vous sauver ; le voici : c'est de me jurer que vous prendrez l'habit arabe, que vous servirez parmi nous, que vous abandonnerez la religion catholique pour prendre et suivre celle de Mahomet. Vous allez être reconduits dans votre cachot jusqu'à ce soir, afin de réfléchir sur ce que vous aurez à faire. De deux choses l'une : ou la plus cruelle mort, ou l'espoir de vivre heureux parmi nous, et aller habiter un jour, au milieu des houris, la demeure des vrais croyants. Allez, et que Mahomet vous accompagne !

On conduisit les malheureux dans leur cachot, absorbés

dans leurs réflexions. On conçoit que ces paroles devaient les frapper d'épouvante. Mais, que faire, que devenir? Essayer de fuir quand, au moindre mot, au moindre mouvement, on pouvait les assommer sur place.

Tous les marins et passagers étaient d'avis d'accepter la proposition qui leur avait été faite par le chef de la tribu.

Le capitaine s'y opposait, disant qu'il préférait mourir que de trahir sa patrie. Oui! s'écria M. Lézelier, je préfère mille fois mourir que de trahir Dieu. Oui! nous mourrons, non comme traîtres à la patrie, non comme apostats, mais comme martyrs. Peut-être, s'écria-t-il, notre position n'est-elle pas désespérée. La même main qui nous a sauvés du naufrage peut nous tirer d'entre les mains de ces barbares. Nous nous mîmes tous en prières, faisant le serment de ne pas renoncer à la religion de nos pères; et lorsque le chef de la tribu vint nous voir, il nous trouva inébranlables dans notre résolution.

Tous les préparatifs étaient faits pour notre martyre, le chef de le la tribu était placé sur des nattes pour jouir de cet affreux spectacle; des flambeaux étaient allumés çà et là pour éclairer la scène. A peine sommes-nous arrivés sur la place que le temps s'obscurcit: un ouragan s'élève, la pluie, la grêle tombent avec force; le tonnerre gronde; un éclair sillonne la nue et la foudre tombe sur la tente où sont le chef de la tribu et ses marabouts. Les Arabes voyant la tente de leur chef en feu, accoururent pour porter secours. Aussi prompts que l'éclair, nous brisons nos liens, et avec la force que nous donne le désespoir, nous nous précipitons sur leurs armes qu'ils avaient abandonnées.

Alors une lutte s'engagea: M. Lézelier s'écria de toute la force de ses poumons: Courage, amis, vive la France! vive la foi, et mort aux Arabes.

Les Français, à sa voix, poussèrent de suite le cri unanime de: Vaincre ou mourir! Vive la France! Vive la religion! et aussitôt ils fondirent sur les Arabes. Ces barbares les virent arriver avec tant de courage et d'ardeur qu'ils furent épouvantés. Une partie prit la fuite, 15 morts et 31 blessés furent le triomphe de cette glorieuse bataille. Nous n'avons eu de notre côté que deux blessés et un mort, le nommé Chazé

Nous nous rendîmes à Tlemcen, où nous laissâmes nos prisonniers pour nous rendre à Mostaganem, et de là à Alger, où l'on fit une procession telle que nous l'avions promise à Notre-Dame-de-Bon-Secours. Un *Te Deum* fut chanté en mémoire de notre délivrance miraculeuse.

Le Mans. — Imp. de Julien, Lanier et C.

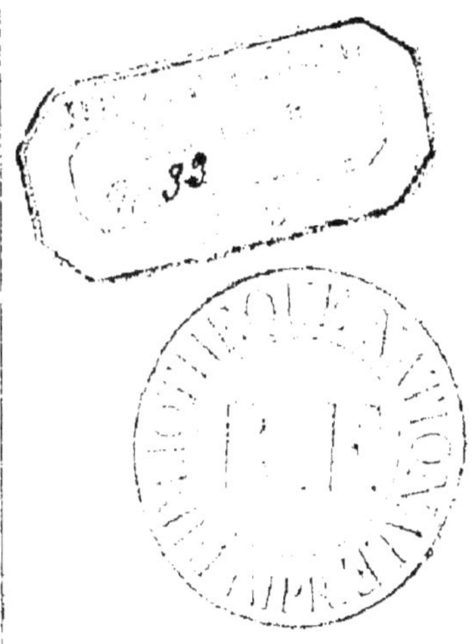

CHOIX

DE CHANSONS

CHANTÉES

PAR MARTIAL VANIN.

LE PEUPLE A NAPOLÉON.

REFRAIN.

Louis-Napoléon,
Le peuple de la France,
Trouve sa délivrance,
En retrouvant ton nom.

Amis chantons à la gloire de la France,
Une chanson de Louis-Napoléon ;
C'est lui qui vient ranimer l'espérance
Au sein de notre belle nation.
Nous espérons que cet enfant chéri ,
A notre France apportera le bonheur ;
Peuple Français, comptez sur votre ami,
Sur le neveu de notre grand empereur.

Napoléon, quand ce beau nom résonne,
Peuple Français, quoi , ne sentez-vous pas
Dans votre cœur , votre sang qui bouillonne
De cet élan dont tous les vieux soldats,

D'un souvenir si cher à leur mémoire,
Oui, ton nom seul, oui, fait battre mon cœur,
Tous tes hauts faits seront gravés dans l'histoire,
Comme ton oncle, notre grand empereur.

Napoléon, commence ta carrière,
Sois bon Français et nous t'applaudirons
Prends l'intérêt de la classe ouvrière,
Pense à nos maux et nous te chérirons.
Toi président, vois la France qui t'implore ;
Sois son soutien et fais notre bonheur ;
Attire sur toi du ciel la clémence,
Et sois toujours notre libérateur.

Fait par Martial VANIN.

CHANSON DE LOUIS-NAPOLÉON.

AIR : *de Vive Paris.*

Napoléon qui naquit sous l'Empire,
Comme son oncle suivant ses leçons,
A su chasser l'infâme tyrannie
Qui ne voulait que lâche trahison ;
Non, non, en France plus de traîtres
Qui nourrissent dans leur cœur un poison,
Il s'est donc montré le maître,
Comme l'a fait le grand Napoléon.   (bis).

Depuis longtemps, peuple dans la souffrance,
Vous ignoriez ma grande vertu ;
Mais mon pouvoir vient de sauver la France,
Et c'est par vous que je viens d'être élu.
Comptez sur moi, comptez sur mon courage,
Le glaive en main, je défendrai vos droits,
Comme mon oncle, digne de cette tâche,
Et comme lui grand ennemi des rois.   (bis).

Et si jamais l'étranger nous menace,
Rallions-nous, ne faisons qu'un accord ;
Courons aux armes pour punir son audace ;
Pour ennemis, ne comptons que les morts.
Rappelons-nous que, comme nos vieux braves,
Nous sommes aussi fidèles à l'honneur,
Et que nous ne craignons point d'entraves,
Avec le neveu de l'empereur.

Grands autocrates de Russie et d'Autriche ,
Rappelez-vous de notre grand renom ;
Quand nous avons enfoncé vos bastilles
Et vos remparts et pris tous vos canons.
Notre étendard tricolore toujours brille ,
A notre tête , Louis-Napoléon
Rendra toujours la France invincible ,
Sera toujours digne du grand renom,

HOMMAGE A LOUIS-NAPOLÉON.

Napoléon , notre illustre espérance ,
Vient de sauver la France de tout danger ,
Les ennemis de notre belle France
Verront un jour la France prospérer.
Quoiqu'ils disaient dans leur infamie :
Napoléon ne sait pas gouverner.
Mais maintenant il vous prouve, vous dis-je ,
Qu'un bon Français sait se faire respecter.

Prince illustre d'un nom que l'on révère ,
Comme son oncle il fera son chemin ;
Il prouvera à la classe ouvrière
Que lui seul sera son soutien.
Je veux , dit-il , que l'ouvrier vive ,
De son salaire , son unique soutien ;
Et d'un seul mot que tout le peuple dise :
Napoléon va nous tendre la main.

Peuple chéri , non jamais de ma mémoire
Ne sortira le souvenir de vos bienfaits ,
Et pour vous seul je trouverai ma gloire
En me faisant soutien des bons Français ;
Je consacrerai toute ma vie entière ,
Pour la défense et le maintien de vos droits ,
Et l'on dira dans bien peu je l'espère :
Napoléon protège les Français !

Martial VANIN

LE VIEUX SOUVENIR DU GRAND HOMME.

Je vais encor vous parler du grand homme ;
De lui toujours j'ai le beau souvenir ,

Et c'est pourquoi toujours je le renomme,
Jamais son nom ne pourra se ternir.
Ne fallait pas deux fois que l'on le somme,
Rien au combat n'a pu le retenir.

Mais il n'est plus, le preux de Sainte-Hélène.   (bis).
Trop tôt pour nous trouva la mort ;
Qu'il était beau, notre grand capitaine,
Que n'existe-t-il pas encor !

 De l'univers il était l'invincible,
Faisait trembler les rois dans leurs palais ;
Autant qne bon, il se montrait terrible,
Au champ d'honneur lui-même commandait ;
Au valheureux il se montrait sensible,
De son cordon lui-même le décorait.
  Mais il n'est plus, etc.

 Il préférait à tous les édifices
Le champ d'honneur et glorieux combats ;
Il visitait aussi tous les hospices,
Et ne prêchait que le bien de l'Etat.
Il rapporta du Pérou et de Cadix
Des lingots d'or et milliers de ducats.
  Mais il n'est plus, etc.

 Quand à Paris il était sur le trône,
C'était vraiment un plaisir de le voir ;
Il parcourait sans que ça vous étonne,
Les ateliers, chantiers, laboratoires,
Chez l'indigent il allait en personne,
Le soulager, sans se faire valoir.
  Mais il n'est plus, etc.

 Rappelons-nous qu'un jour, à Sainte-Hélène,
Lorsqu'il prédit que notre France un jour,
Serait Cosaque, ou bien Républicaine,
Il ne s'est pas trompé dans son discours.
Puisqu'aujourd'hui sa parole est certaine,
A ses hauts faits répétons tour à tour ;
Honneur ! honneur au preux de Sainte-Hélène,   (bis).
Trop tôt pour nous trouva la mort ;
Il dort en paix aux rives de la Seine,
Que n'existe-t-il pas encor !

Imprimerie de H. Godbert, à Laval.

LA VIOLETTE.

REFRAIN.

Partons, douce et coquette,
Partons nous divertir,
Cueillir la violette,
  Ma bergerette,
Cela fait tant plaisir.

Entendant le ramage
De ces petits oiseaux,
Et sous le vert feuillage,
Au son du chalumeau ;
Pour vous, fillettes sages,
En dansant alentour,
Les garçons du village
Chanteront tour à tour :
    Partons, etc.

Un jour, étant à l'ombre,
Le soleil radieux
Me couvrant de son ombre
Me fit voir sous les cieux
Une fleur printannière
Qui, prête à s'effeuiller,
Me fit à ma bergère
Lui dire : va la cueillir.
    Partons, etc.

Pour une violette,
Ah ! quel heureux moment !
Lorsque ma bergerette
Me fit, en souriant,
Voir avec sa houlette
Le lieu charmant, chéri,
Où toutes les fillettes
Vont chanter à l'envi.
    Partons, etc.

Un jour, sous une treille,
Avec mon tendre objet
Caressant ma bouteille
D'un bleu couleur violet,

Mais en quittant le vaste camp d'Afrique,
Dans ma patrie me voici de retour ;
Voyez, Messieurs, comme ici je m'applique
A vous chanter quelques couplets du jour.
Allons, Messieurs, ne soyez pas cruels,
Je le vois bien, vous n'êtes pas ingrats ;
Car vous voyez que mon sort est rebelle,
Pensez à moi, car je n'ai plus qu'un bras. (bis.)
Par Martial VANIN

LA MESSAGÈRE.

O toi charmante messagère,
Toi dont la vue réjouit le cœur,
Pour présent portes à ma mère
Point de bouquet, mais bien des pleurs;
Car pour elle, en voyant mes larmes,
Premier gage de mon repentir,
Mes pleurs auront aussi leurs charmes,
Car elles promettent un meilleur avenir.

Dis-lui, si parfois la souffrance
M'arrache un cri de désespoir,
Que bientôt la douce espérance
Me dit : Enfant, fais ton devoir.
Ici tu dois verser des larmes
Dont ta mère va se réjouir,
Car les pleurs ont aussi leurs charmes,
Puisqu'elles promettent un meilleur avenir.

Sous le ciel pur de la Touraine,
C'est là que je reçus le jour.
Ma mère tu trouveras sans peine,
Car elle pleure nuit et jour.
Hirondelle, calme ses alarmes,
Sur son sein va te réjouir,
De joie je verserai des larmes,
Puisqu'elles promettent un meilleur avenir.

Propriété vendue à Martial VANIN.   TOURNIER.

Imprimerie de H. Godbert, à Laval.

LE BALAI.

REFRAIN.

Le voilà , le voilà ,
Cet homme cher à la France,
Digne du grand renom ,
Vive Louis-Napoléon !

Le neveu du grand empereur
Se montre avec honneur
Le soutien de la France ,
En donnant à tous ces cadets ,
Un grand coup de balai
Pour leur récompense.
    Le voilà , etc.

Ils se sont trouvés marrons :
Il fallut pour tout de bon
Vite prendre la porte ;
Il fallait partir au galop ,
Vite il n'est pas trop tôt ,
Partez , vile cohorte.
    Le voilà , etc.

Ils avaient bien projeté
De le faire sauter ,
Sans qu'il s'y attende ;
Mais aussi lui , plus fin que tous ,
Il a su parer le coup
En renversant la chambre.
    Le voilà , etc.

Enfin nous l'avons reconnu ,
Nous l'avons tous voulu
Pour le bien de la France ,
Et il maintiendra nos droits ,
Avec de sages lois ,
Pour notre indépendance.
    Le voilà , etc.

Amis , pour finir ces couplets ,
Il faut chanter le balai ,
Fait par la Présidence ,
Représentants aussitôt
Vous voilà sur le pot,
Ah! je ris quand j'y pense.
    Le voilà , etc.

VENGEANCE DES ARABES
ET
DÉLIVRANCE MIRACULEUSE.

Le navire le *Jeune-Aristide*, partant de Marseille le 1er janvier 1852, pour se rendre à Alger, ayant à bord 122 personnes, dont 94 passagers, fut assailli par une violente tempête qui le surprit au passage du golfe de Lyon, qui se trouve au-dessous de l'embouchure du Rhône, ce qui le força de relâcher à Mahon, où il resta quinze jours pour attendre le beau temps et radouber le navire, qui avait essuyé quelques avaries; enfin il remit à la voile le 17. Le ciel était serein, la mer calme; tout faisait présager une heureuse traversée. Mais, vers les quatre heures du soir, le ciel se couvre, la mer s'agite avec force, les oiseaux marins font entendre leurs cris lugubres; un funeste pressentiment s'empare de tout l'équipage, car tout annonçait une terrible catastrophe; tout est en mouvement à bord de l'*Aristide*.

Cependant, le brave capitaine Neyer, avec un calme apparent, ne cesse d'encourager son monde; mais une pluie glaciale et abondante absorbe leurs facultés, le vent souffle avec violence, le tonnerre gronde avec fracas; le roulis du navire force tous ces malheureux à se tenir cramponnés pour éviter un choc violent. Dans ce moment d'anxiété et de souffrance, chacun adressait des vœux au ciel qui semblait avoir déchaîné tous les éléments pour cette nuit de douleur; la pâleur de la mort était empreinte sur tous les visages, toutes les horreurs d'une mort prochaine rendaient ces malheureux immobiles de frayeur; on eût dit une troupe de statues de marbre représentant la Terreur.

M. Lézetier, le digne ecclésiastique, était à genoux, implorant la miséricorde divine, appelant à haute voix Notre-Dame-de-Bon-Secours pour qu'elle leur vînt en aide; mais Dieu les préparait à de plus terribles épreuves, car aussitôt un bruit affreux se fait entendre dans l'intérieur du bâtiment, aussi prompt que l'éclair; chacun semble avoir acquis de nouvelles forces et se précipite à l'endroit d'où est parti ce bruit : ô comble de désespoir! on s'aperçoit que le navire a touché un rocher, la quille est entièrement brisée, l'eau pénètre dans l'intérieur; on court aux pompes, mais inutilement, le navire est près de s'engloutir, on n'a que le temps de mettre deux embarcations à la mer; chacun s'y précipite en désordre. Au même instant, le navire s'engloutit et disparaît pour toujours.

Voilà donc ces malheureux dans de faibles esquifs, luttant contre tous les éléments déchaînés. Plus de manœuvre, les barques voguent au gré des flots, ils ignorent où ils se trouvent. (Ils étaient au-delà du golfe de Tlemcen).

A dix heures, le temps s'éclaircit, la mer devient calme, une certaine joie semble ranimer ces malheureux épuisés de fatigue, mais n'ayant pas pris de vivres, ils se voient obligés de lutter contre la faim. Ils aperçoivent enfin le rivage, ils s'y dirigent à force de rames, un bruit confus de voix frappe leurs oreilles : ils abandonnent leurs barques après les avoir attachées, et marchent avec toute la vitesse que leur permet leur peu de forces, vers des feux qui semblent leur annoncer la fin de leurs souffrances : à peine sont-ils arrivés à une espèce de bourgade ou tribu nomade, pour y demander du secours, qu'ils se voient assaillis par une troupe de barbares qui, après les avoir reconnus pour des Français, les garottèrent, sans humanité pour leur position. Après leur avoir attaché les pieds et les mains, ils les mirent dans un étroit cachot, où ils étaient comme entassés. Ils les y laissèrent jusqu'au lendemain, ne leur donnant que très peu de nourriture.

Le lendemain matin, jour où devait se passer une scène de crimes et d'horreurs, on les fit sortir du cachot pour les conduire sur la place publique, entourés d'une multitude effrénée de peuple qui les menaçait du geste et de la voix. Le chef de la tribu s'adresse au capitaine Neyer, et lui dit :

Je sais que les Français savent faire la guerre, j'en ai l'expérience, depuis vingt ans qu'ils sont sur notre territoire ; mais aujourd'hui tu vas apprendre comment l'Arabe sait se venger. Tu vois ces poteaux ? eh bien, vous y serez attachés, et ensuite je vous fais arracher les ongles, les dents, couper les doigts des pieds et des mains, le nez, les oreilles, encore n'est-ce qu'un prélude aux souffrances que je vous prépare. Cependant, il y a un moyen de vous sauver ; le voici : c'est de me jurer que vous prendrez l'habit arabe, que vous servirez parmi nous, que vous abandonnerez la religion catholique pour prendre et suivre celle de Mahomet. Vous allez être reconduits dans votre cachot jusqu'à ce soir, afin de réfléchir sur ce que vous aurez à faire. De deux choses l'une : ou la plus cruelle mort, ou l'espoir de vivre heureux parmi nous, et aller habiter un jour, au milieu des houris, la demeure des vrais croyants. Allez, et que Mahomet vous accompagne !

On conduisit les malheureux dans leur cachot, absorbés dans leurs réflexions. On conçoit que ces paroles devaient les frapper d'épouvante. Mais, que faire, que devenir ? Essayer de fuir quand, au moindre mot, au moindre mouvement, on pouvait les assommer sur place.

Tous les marins et passagers étaient d'avis d'accepter la proposition qui leur avait été faite par le chef de la tribu.

Le capitaine s'y opposait, disant qu'il préférait mourir que de trahir sa patrie. Oui ! s'écria M. Lézutier, je préfère mille fois mourir que de trahir Dieu. Oui ! nous mourrons, non comme traitres à la patrie, non comme apostats, mais comme martyrs.

Peut-être , s'écria-t-il , notre position n'est-elle pas désespérée. La même main qui nous a sauvés du naufrage peut nous tirer d'entre les mains de ces barbares. Nous nous mîmes tous en prières , faisant le serment de ne pas renoncer à la religion de nos pères; et lorsque le chef de la tribu vint nous voir, il nous trouva inébranlables dans notre résolution.

Tous les préparatifs étaient faits pour notre martyre , le chef de la tribu était placé sur des nattes pour jouir de cet affreux spectacle ; des flambeaux étaient allumés çà et là pour éclairer la scène. A peine sommes-nous arrivés sur la place que le temps s'obscurcit : un ouragan s'élève, la pluie, la grêle tombent avec force ; le tonnerre gronde ; un éclair sillonne la nue et la foudre tombe sur la tente où sont le chef de la tribu et ses marabouts. Les Arabes voyant la tente de leur chef en feu, accoururent pour porter secours. Aussi prompts que l'éclair, nous brisons nos liens , et avec la force que nous donne le désespoir , nous nous précipitons sur leurs armes qu'ils avaient abandonnées.

Alors une lutte s'engagea : M. Lézetier s'écria de toute la force de ses poumons : Courage, amis, vive la France ! vive la foi, et mort aux Arabes.

Les Français, à sa voix, poussèrent de suite le cri unanime de: Vaincre ou mourir ! Vive la France ! Vive la religion ! et aussitôt ils fondirent sur les Arabes. Ces barbares les virent arriver avec tant de courage et d'ardeur qu'ils furent épouvantés. Une partie prit la fuite, 15 morts et 31 blessés furent le triomphe de cette glorieuse bataille. Nous n'avons eu de notre côté que deux blessés et un mort, le nommé Chazé.

Nous nous rendîmes à Tlemcen , où nous laissâmes nos prisonniers pour nous rendre à Mostaganem , et de là à Alger , où l'on fit une procession telle que nous l'avions promise à Notre-Dame-de-Bon-Secours. Un *Te Deum* fut chanté en mémoire de notre délivrance miraculeuse.

Imp. de H. Godbert, libraire , à Laval.

CHOIX DE CHANSONS

CHANTÉES
PAR MARTIAL VANIN.

LE PEUPLE A NAPOLÉON.

REFRAIN.

Louis-Napoléon,
Le peuple de la France,
Trouve sa délivrance,
En retrouvant ton nom.

Amis chantons à la gloire de la France,
Une chanson de Louis-Napoléon ;
C'est lui qui vient ranimer l'espérance
Au sein de notre belle nation.
Nous espérons que cet enfant chéri,
A notre France apportera le bonheur ;
Peuple Français, comptez sur votre ami,
Sur le neveu de notre grand empereur.

Napoléon, quand ce beau nom résonne,
Peuple Français, quoi, ne sentez-vous pas
Dans votre cœur, votre sang qui bouillonne
De cet élan dont tous les vieux soldats,

D'un souvenir si cher à leur mémoire,
Oui, ton nom seul, oui, fait battre mon cœur,
Tous les hauts faits seront gravés dans l'histoire,
Comme ton oncle, notre grand empereur.

Napoléon, commence ta carrière,
Sois bon Français et nous t'applaudirons
Prends l'intérêt de la classe ouvrière,
Pense à nos maux et nous te chérirons.
Toi président, vois la France qui t'implore ;
Sois son soutien et fais notre bonheur ;
Attire sur toi du ciel la clémence,
Et sois toujours notre libérateur.

Fait par Martial VANIN.

CHANSON DE LOUIS-NAPOLÉON.

AIR : *de Vive Paris.*

Napoléon qui naquit sous l'Empire,
Comme son oncle suivant ses leçons,
A su chasser l'infâme tyrannie
Qui ne voulait que lâche trahison ;
Non, non, en France plus de traîtres
Qui nourrissent dans leur cœur un poison,
Il s'est donc montré le maître,
Comme l'a fait le grand Napoléon.   (bis).

Depuis longtemps, peuple dans la souffrance,
Vous ignoriez ma grande vertu ;
Mais mon pouvoir vient de sauver la France,
Et c'est par vous que je viens d'être élu.
Comptez sur moi, comptez sur mon courage,
Le glaive en main, je défendrai vos droits,
Comme mon oncle digne de cette tâche,
Et comme lui grand ennemi des rois.   (bis).

Et si jamais l'étranger nous menace,
Rallions-nous, ne faisons qu'un accord ;
Courons aux armes pour punir son audace ;
Pour ennemis, ne comptons que les morts.
Rappelons-nous que, comme nos vieux braves,
Nous sommes aussi fidèles à l'honneur,
Et que nous ne craignons point d'entraves,
Avec le neveu de l'empereur.

Grands autocrates de Russie et d'Autriche ,
Rappelez-vous de notre grand renom ;
Quand nous avons enfoncé vos bastilles
Et vos remparts et pris tous vos canons.
Notre étendard tricolore toujours brille ,
A notre tête , Louis-Napoléon
Rendra toujours la France invincible ,
Sera toujours digne du grand renom.

LES TROIS NAUFRAGÉS.

Trois matelots , près de faire naufrage ,
Se trouvant pris par la rigueur des flots ,
Ils combattaient au milieu **de** l'orage :
Souvent la barque coulait entre deux eaux ,
Ils se levèrent tous trois avec grâce ,
En invoquant la mère du Très-Haut :
  Ah ! bonne Notre-Dame-de-Grâce ,   (bis).
   Sauvez les pauvres matelots.
Mais , par malheur , l'orage recommence ,
Et va toujours de plus fort en plus fort ;
Les matelots , sans perdre connaissance ,
Disaient tout bas , dans un nouveau transport :
Vierge Marie , c'est donc sur cette place
Que nous allons périr loin de nos hameaux.
  Ah ! bonne , etc.
Ils marchent encore , et la vague écumante
Jette la barque au milieu des rochers ;
Ils s'écriaient d'une voix languissante :
Préservez-nous , Tout-Puissant , des dangers.
Faut-il mourir ? pour nous quelle disgrâce ,
Qui prendra soin de nos pauvres hameaux ?
  Ah ! bonne , etc.
Il était temps , quand un navire arrive ,
Ces malheureux luttaient contre la mort ,
On les entendait d'une voix plaintive ,
Gémir encore sur leur malheureux sort.
On leur jeta promptement des cordages ;
Ils sont sauvés de ce triste fléau :
  Ils répétaient à l'équipage :   (bis).
   Sauvez les pauvres matelots.

LE VIEUX SOUVENIR DU GRAND HOMME.

Je vais encor vous parler du grand homme ;
De lui toujours j'ai le beau souvenir ,

Et c'est pourquoi toujours je te renomme,
Jamais son nom ne pourra se ternir.
Ne fallait pas deux fois que l'on le somme,
Rien au combat n'a pu le retenir.

Mais il n'est plus, le preux de Sainte-Hélène.   (bis).
Trop tôt pour nous trouva la mort ;
Qu'il était beau, notre grand capitaine,
Que n'existe-t-il pas encor !

De l'univers il était l'invincible,
Faisait trembler les rois dans leurs palais ;
Autant que bon, il se montrait terrible,
Au champ d'honneur lui-même commandait ;
Au valheureux il se montrait sensible,
De son cordon lui-même le décorait.
        Mais il n'est plus, etc.

Il préférait à tous les édifices
Le champ d'honneur et glorieux combats ;
Il visitait aussi tous les hospices,
Et ne prêchait que le bien de l'Etat.
Il rapporta du Pérou et de Cadix
Des lingots d'or et milliers de ducats.
        Mais il n'est plus, etc.

Quand à Paris il était sur le trône,
C'était vraiment un plaisir de le voir ;
Il parcourait sans que ça vous étonne,
Les ateliers, chantiers, laboratoires,
Chez l'indigent il allait en personne,
Le soulager, sans se faire valoir.
        Mais il n'est plus, etc.

Rappelons-nous qu'un jour, à Sainte-Hélène,
Lorsqu'il prédit que notre France un jour,
Serait Cosaque, ou bien Républicaine,
Il ne s'est pas trompé dans son discours.
Puisqu'aujourd'hui sa parole est certaine,
A ses hauts faits répétons tour à tour :
Honneur ! honneur au preux de Sainte-Hélène,   (bis).
Trop tôt pour nous trouva la mort ;
Il dort en paix aux rives de la Seine,
Que n'existe-t-il pas encor !

Imprimerie de B. Godbert, à Laval.

LE RÊVE D'UNE GRISETTE.

Air : *allez cueillir des bluets dans les blés.*

A ce caquet, ma Clarisse, fais trève,
Sur mon honneur, vraiment, c'est par trop fort, fort,
Oh ! de bon cœur, oui je ris de ton rêve,
Qui te donnait des titres et de l'or.
Quoi ! des laquais pour servir ta personne,
Quoi ! des chevaux, des châteaux, des bijoux !
En attendant qu'on te fasse baronne,
Va me chercher du tabac pour deux sous.

Tu souriais, quand près de la voiture,
Caracolait un jeune adorateur,
Aux noirs cheveux, à la noble tournure,
Et qu'il jurait de faire ton bonheur.
Aimer toujours, dit-il, est ma devise,
Dites un mot, je deviens votre époux.
En attendant qu'un marquis te courtise,
Va me chercher du tabac pour deux sous.

De l'Opéra la musique enivrante,
Venait charmer ton esprit et ton cœur ;
On admirait cette taille avenante,
Puis on vantait tes attraits, ta blancheur.
Les amoureux séduits par ton sourire,
Rampaient sans cesse, étaient à tes genoux.
En attendant qu'ici bas l'on t'admire,
Va me chercher du tabac pour deux sous.

Et puis, sablant le Bordeaux, le Champagne,
En cabinet, te voyant chez Véfour,
Prenant alors la gaîté pour compagne,
Reine, en tous lieux on te faisait la cour.
Aux malheureux, tu donnais ma Clarisse,
De tous côtés, tu faisais des jaloux,
En attendant qu'un pauvre te bénisse,
Va me chercher du tabac pour deux sous.

Pourtant ton cœur ne changeait pas, ma belle,
Et seul j'avais des droits à ton amour ;
Dans ton palais, au pied de la tourelle,
Tu soupirais, désirant mon retour ;
Tu redisais cette chanson nouvelle,
Qu'en m'amusant, j'avais faite sur nous,
En attendant que tu me sois fidèle,
Va me chercher du tabac pour deux sous.

Mais c'est assez, cesse ton bavardage,
Car de fumer je me sens le besoin ;
Rêve un peu moins, soigne mieux ton ménage,
Et de ma pipe, oh ! surtout prends bien soin.
Contente-toi de ce que Dieu te donne,
Car le bonheur n'est pas dans les bijoux.
En attendant que je m'offre une bonne,
Va me chercher du tabac pour deux sous.

J. DEBEAUX.

L'ÉLOGE DE MA FEMME.

AIR : *Dis-moi, Péters, par amitié.*

Jacquot, mon petit perroquet,
Que j'achetai de confiance,
Loin de briller par son caquet,
Est, je crois, muet de naissance.
De mes jurons, pour l'enjoler,
En vain j'épuise le programme ;
Le drôle ne veut point parler...
C'est le contraire de ma femme.

Mon père en mourant m'a laissé
Quatre arpents de vigne stérile ;
Longtemps à tort j'ai dépensé
Mes soins pour la rendre fertile.
Tous les ans un moutard me vient
Du ciel sans que je le réclame :
Si ma vigne ne produit rien,
C'est le contraire de ma femme.

Selon notre Ancien Testament,
Au temps passé, l'obéissance
Etait le plus bel ornement
Du sexe ennemi du silence.
Alors, c'était pour un mari
Un heureux temps, je le proclame :
On le laissait maître chez lui...
C'est le contraire de ma femme.

— Voisin, qu'as-tu donc ce matin ?
— Je viens de soigner mon épouse,
Qui m'a traité de libertin ;
Tu sais combien elle est jalouse !
— Heureux coquin, dis-je entre nous,
Ta moitié, redoutant le blâme,

Sans riposter , reçoit les coups !
C'est le contraire de ma femme.

En cachette de l'ennemi ,
Un soir , près de jeune conquête ,
Ne voulant rien faire à demi ,
Vins choisis furent de la fête.
Mais , en véritable étourneau ,
J'en fus pour mes frais, car la dame
Ne voulut boire que de l'eau :
C'est le contraire de ma femme.

J'ai certain vin dans mon cellier
Dont l'âge est assez respectable.
Aux grands jours , loin de l'oublier
Sa présence honore ma table.
Son âge n'est point un défaut ,
Vieux vin souvent rajeunit l'âme :
Plus il vieillit et mieux il vaut...
C'est le contraire de ma femme.

A. LOYNEL.

JE N'AI PLUS QU'UN BRAS.

Je fus soldat pour ma belle patrie ,
Avec honneur je servis mon pays ;
Dans les combats , en exposant ma vie ,
Je poursuivis les traîtres ennemis :
A Mascara une balle me frappe ,
Et je tombai croyant à mon trépas ;
Je me disais : c'est ma dernière étape ,
Et cependant il me restait un bras.   (bis.)

L'on me porta de suite à l'ambulance ,
Où je reçus de vifs et prompts secours ,
Je me disais , hélas ! ma belle France ,
Je ne peux plus te servir en ce jour ;
Mais cependant , quoiqu'il me reste un membre,
O fiers Arabes , n'y revenez pas ,
Car ma revanche , je pourrais la reprendre,
Vous le savez : Vous me devez un bras.   (bis.)

Pour ma patrie , en mon orgueil encore ,
Aucun Arabe n'a pu me terrasser
En combattant devant le tricolore ;
Mais par malheur , je suis blessé.
Ah ! si jamais ma patrie me rappelle ,
Je volerais encor dans les combats :
Car un français doit lui rester fidèle.
Pour elle encore je donnerais mon bras.   (bis.)

Mais en quittant le vaste camp d'Afrique ,
Dans ma patrie me voici de retour ;
Voyez , Messieurs , comme ici je m'applique
A vous chanter quelques couplets du jour.
Allons , Messieurs , ne soyez pas cruels,
Je le vois bien , vous n'êtes pas ingrats ;
Car vous voyez que mon sort est rebelle ,
Pensez à moi , car je n'ai plus qu'un bras. (bis.)

Par Martial VANIN

LA MESSAGÈRE.

O toi charmante messagère,
Toi dont la vue réjouit le cœur,
Pour présent portes à ma mère
Point de bouquet , mais bien des pleurs;
Car pour elle , en voyant mes larmes ,
Premier gage de mon repentir ,
Mes pleurs auront aussi leurs charmes,
Car elles promettent un meilleur avenir.

Dis-lui , si parfois la souffrance
M'arrache un cri de désespoir ,
Que bientôt la douce espérance
Me dit : Enfant , fais ton devoir.
Ici tu dois verser des larmes
Dont ta mère va se réjouir,
Car tes pleurs ont aussi leurs charmes,
Puisqu'elles promettent un meilleur avenir.

Sous le ciel pur de la Touraine ,
C'est là que je reçus le jour,
Ma mère tu trouveras sans peine ,
Car elle pleure nuit et jour.
Hirondelle , calme ses alarmes ,
Sur son sein va te réjouir ,
De joie je verserai des larmes,
Puisqu'elles promettent un meilleur avenir.

Propriété vendue à Martial VANIN.   TOURNIER.

Imprimerie de H. Godbert , à Laval.

LE BALAI.

Le voilà , le voilà ,
Cet homme cher à la France,
Digne d'un grand renom ,
Vive Louis-Napoléon !

Le neveu du grand empereur
Se montre avec honneur
Le soutien de la France,
En donnant à tous ces cadets ,
Un grand coup de balai
Pour leur récompense.
    Le voilà , etc.

Ils se sont trouvés marrons :
Il fallut pour tout de bon
Vite prendre la porte ;
Il fallait partir au galop ,
Vite il n'est pas trop tôt,
Partez , vîle cohorte.
    Le voilà , etc.

Ils avaient bien projeté
De le faire sauter ,
Sans qu'il s'y attende ;
Mais aussi lui , plus fin que tous ,
Il a su parer le coup
En renversant la chambre.
    Le voilà , etc.

Enfin nous l'avons reconnu ,
Nous l'avons tous voulu
Pour le bien de la France ,
Et il maintiendra nos droits ,
Avec de sages lois ,
Pour notre indépendance.
    Le voilà , etc.

Amis , pour finir ces couplets,
Il faut chanter le balai ,
Fait par la Présidence ,
Représentants aussitôt
Vous voilà sur le pot,
Ah! je ris quand j'y pense.
    Le voilà , etc.

VENGEANCE DES ARABES
ET
DÉLIVRANCE MIRACULEUSE.

——◉——

Le navire le *Jeune-Aristide*, partant de Marseille le 1er janvier 1852, pour se rendre à Alger, ayant à bord 122 personnes, dont 94 passagers, fut assailli par une violente tempête qui le surprit au passage du golfe de Lyon, qui se trouve au-dessous de l'embouchure du Rhône, ce qui le força de relâcher à Mahon, où il resta quinze jours pour attendre le beau temps et radouber le navire, qui avait essuyé quelques avaries; enfin il remit à la voile le 17. Le ciel était serein, la mer calme; tout faisait présager une heureuse traversée. Mais, vers les quatre heures du soir, le ciel se couvre, la mer s'agite avec force, les oiseaux marins font entendre leurs cris lugubres; un funeste pressentiment s'empare de tout l'équipage, car tout annonçait une terrible catastrophe; tout est en mouvement à bord de l'*Aristide*.

Cependant, le brave capitaine Neyer, avec un calme apparent, ne cesse d'encourager son monde; mais une pluie glaciale et abondante absorbe leurs facultés, le vent souffle avec violence, le tonnerre gronde avec fracas; le roulis du navire force tous ces malheureux à se tenir cramponnés pour éviter un choc violent. Dans ce moment d'anxiété et de souffrance, chacun adressait des vœux au ciel qui semblait avoir déchaîné tous les éléments pour cette nuit de douleur; la pâleur de la mort était empreinte sur tous les visages, toutes les horreurs d'une mort prochaine rendaient ces malheureux immobiles de frayeur; on eût dit une troupe de statues de marbre représentant la Terreur.

M. Lézelier, le digne ecclésiastique, était à genoux, implorant la miséricorde divine, appelant à haute voix Notre-Dame-de-Bon-Secours pour qu'elle leur vînt en aide; mais Dieu les préparait à de plus terribles épreuves, car aussitôt un bruit affreux se fait entendre dans l'intérieur du bâtiment, aussi prompt que l'éclair; chacun semble avoir acquis de nouvelles forces et se précipite à l'endroit d'où est parti ce bruit : ô comble de désespoir! on s'aperçoit que le navire a touché un rocher, la quille est entièrement brisée, l'eau pénètre dans l'intérieur; on court aux pompes, mais inutilement, le navire est près de s'engloutir, on n'a que le temps de mettre deux embarcations à la mer; chacun s'y précipite en désordre. Au même instant, le navire s'engloutit et disparaît pour toujours.

Voilà donc ces malheureux dans de faibles esquifs, luttant contre tous les éléments déchaînés. Plus de manœuvre, les barques voguent au gré des flots, ils ignorent où ils se trouvent. (Ils étaient au-delà du golfe de Tlemcen).

A dix heures, le temps s'éclaircit, la mer devient calme, une certaine joie semble ranimer ces malheureux épuisés de fatigue, mais n'ayant pas pris de vivres, ils se voient obligés de lutter contre la faim. Ils aperçoivent enfin le rivage, ils s'y dirigent à force de rames, un bruit confus de voix frappe leurs oreilles : ils abandonnent leurs barques après les avoir attachées, et marchent avec toute la vitesse que leur permet leur peu de forces, vers des feux qui semblent leur annoncer la fin de leurs souffrances : à peine sont-ils arrivés à une espèce de bourgade ou tribu nomade, pour y demander du secours, qu'ils se voient assaillis par une troupe de barbares qui, après les avoir reconnus pour des Français, les garottèrent, sans humanité pour leur position. Après leur avoir attaché les pieds et les mains, ils les mirent dans un étroit cachot, où ils étaient comme entassés. Ils les y laissèrent jusqu'au lendemain, ne leur donnant que très peu de nourriture.

Le lendemain matin, jour où devait se passer une scène de crimes et d'horreurs, on les fit sortir du cachot pour les conduire sur la place publique, entourés d'une multitude effrénée de peuple qui les menaçait du geste et de la voix. Le chef de la tribu s'adresse au capitaine Neyer, et lui dit :

Je sais que les Français savent faire la guerre, j'en ai l'expérience, depuis vingt ans qu'ils sont sur notre territoire; mais aujourd'hui tu vas apprendre comment l'Arabe sait se venger. Tu vois ces poteaux ? eh bien, vous y serez attachés, et ensuite je vous fais arracher les ongles, les dents, couper les doigts des pieds et des mains, le nez, les oreilles ; encore n'est-ce qu'un prélude aux souffrances que je vous prépare. Cependant, il y a un moyen de vous sauver ; le voici : c'est de me jurer que vous prendrez l'habit arabe, que vous servirez parmi nous, que vous abandonnerez la religion catholique pour prendre et suivre celle de Mahomet. Vous allez être reconduits dans votre cachot jusqu'à ce soir, afin de réfléchir sur ce que vous aurez à faire. De deux choses l'une : ou la plus cruelle mort, ou l'espoir de vivre heureux parmi nous, et aller habiter un jour, au milieu des houris, la demeure des vrais croyants. Allez, et que Mahomet vous accompagne !

On conduisit les malheureux dans leur cachot, absorbés dans leurs réflexions. On conçoit que ces paroles devaient les frapper d'épouvante. Mais, que faire, que devenir ? Essayer de fuir quand, au moindre mot, au moindre mouvement, on pouvait les assommer sur place.

Tous les marins et passagers étaient d'avis d'accepter la proposition qui leur avait été faite par le chef de la tribu.

Le capitaine s'y opposait, disant qu'il préférait mourir que de trahir sa patrie. Oui ! s'écria M. Lézelier, je préfère mille fois mourir que de trahir Dieu. Oui ! nous mourrons, non comme traîtres à la patrie, non comme apostats, mais comme martyrs,

Peut-être , s'écria-t-il , notre position n'est-elle pas désespérée. La même main qui nous a sauvés du naufrage peut nous tirer d'entre les mains de ces barbares. Nous nous mîmes tous en prières , faisant le serment de ne pas renoncer à la religion de nos pères; et lorsque le chef de la tribu vint nous voir , il nous trouva inébranlables dans notre résolution.

Tous les préparatifs étaient faits pour notre martyre , le chef de la tribu était placé sur des nattes pour jouir de cet affreux spectacle ; des flambeaux étaient allumés çà et là pour éclairer la scène. A peine sommes-nous arrivés sur la place que le temps s'obscurcit : un ouragan s'élève, la pluie, la grêle tombent avec force ; le tonnerre gronde ; un éclair sillonne la nue et la foudre tombe sur la tente où sont le chef de la tribu et ses marabouts. Les Arabes voyant la tente de leur chef en feu, accoururent pour porter secours. Aussi prompts que l'éclair, nous brisons nos liens , et avec la force que nous donne le désespoir , nous nous précipitons sur leurs armes qu'ils avaient abandonnées.

Alors une lutte s'engagea : M. Lézelier s'écria de toute la force de ses poumons: Courage, amis, vive la France ! vive la foi, et mort aux Arabes.

Les Français, à sa voix, poussèrent de suite le cri unanime de: Vaincre ou mourir ! Vive la France! Vive la religion ! et aussitôt ils fondirent sur les Arabes. Ces barbares les virent arriver avec tant de courage et d'ardeur qu'ils furent épouvantés. Une partie prit la fuite , 15 morts et 31 blessés furent le triomphe de cette glorieuse bataille. Nous n'avons eu de notre côté que deux blessés et un mort, le nommé Chazé.

Nous nous rendîmes à Tlemcen , où nous laissâmes nos prisonniers pour nous rendre à Mostaganem , et de là à Alger , où l'on fit une procession telle que nous l'avions promise à Notre-Dame-de-Bon-Secours. Un *Te Deum* fut chanté en mémoire de notre délivrance miraculeuse.

Imp. de H. Godbert, libraire, à Laval.

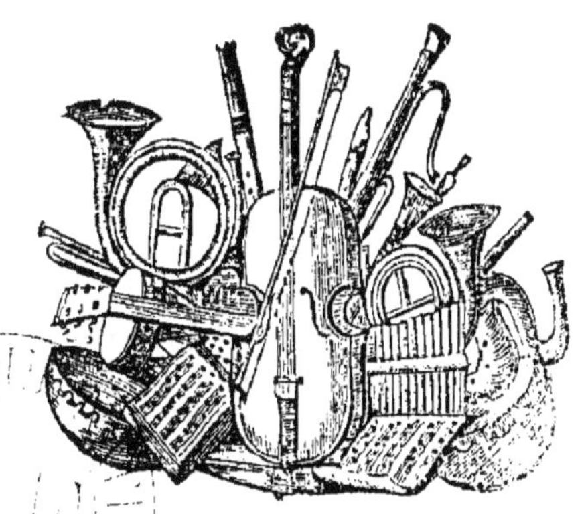

CHOIX
DE CHANSONS

PAR MARTIAL VANIN.

LE PEUPLE A NAPOLÉON.

REFRAIN.

Louis-Napoléon,
Le peuple de la France,
Trouve sa délivrance,
En retrouvant ton nom.

Amis chantons à la gloire de la France,
Une chanson de Louis-Napoléon ;
C'est lui qui vient ranimer l'espérance
Au sein de notre belle nation.
Nous espérons que cet enfant chéri,
A notre France apportera le bonheur ;
Peuple Français, comptez sur votre ami,
Sur le neveu de notre grand empereur.

Napoléon, quand ce beau nom résonne,
Peuple Français, quoi, ne sentez-vous pas
Dans votre cœur, votre sang qui bouillonne
De cet élan dont tous les vieux soldats,

D'un souvenir si cher à leur mémoire,
Oui, ton nom seul, oui, fait battre mon cœur.
Tous tes hauts faits seront gravés dans l'histoire,
Comme ton oncle, notre grand empereur.

Napoléon, commence ta carrière,
Sois bon Français et nous t'applaudirons
Prends l'intérêt de la classe ouvrière,
Pense à nos maux et nous te chérirons.
Toi président, vois la France qui t'implore ;
Sois son soutien et fais notre bonheur ;
Attire sur toi du ciel la clémence,
Et sois toujours notre libérateur.

Fait par Martial VANIN.

CHANSON DE LOUIS-NAPOLÉON.

Air : de *Vive Paris.*

Napoléon qui naquit sous l'Empire,
Comme son oncle suivant ses leçons,
A su chasser l'infâme tyrannie
Qui ne voulait que lâche trahison ;
Non, non, en France plus de traîtres
Qui nourrissent dans leur cœur un poison,
Il s'est donc montré le maître,
Comme l'a fait le grand Napoléon.   (*bis.*)

Depuis longtemps, peuple dans la souffrance,
Vous ignoriez ma grande vertu ;
Mais mon pouvoir vient de sauver la France,
Et c'est par vous que je viens d'être élu.
Comptez sur moi, comptez sur mon courage,
Le glaive en main, je défendrai vos droits,
Comme mon oncle, digne de cette tâche,
Et comme lui grand ennemi des rois.   (*bis.*)

Et si jamais l'étranger nous menace,
Rallions-nous, ne faisons qu'un accord ;
Courons aux armes pour punir son audace ;
Pour ennemis, ne comptons que les morts.
Rappelons-nous que, comme nos vieux braves,
Nous sommes aussi fidèles à l'honneur,
Et que nous ne craignons point d'entraves,
Avec le neveu de l'empereur.

Grands autocrates de Russie et d'Autriche,
Rappelez-vous de notre grand rehom ;
Quand nous avons enfoncé vos bastilles
Et vos remparts et pris tous vos canons.
Notre étendard tricolore toujours brille,
A notre tête, Louis-Napoléon
Rendra toujours la France invincible,
Sera toujours digne du grand renom.

HOMMAGE A LOUIS-NAPOLÉON.

Napoléon, notre illustre espérance,
Vient de sauver la France de tout danger,
Les ennemis de notre belle France
Verront un jour la France prospérer.
Quoiqu'ils disaient dans leur infamie :
Napoléon ne sait pas gouverner.
Mais maintenant il vous prouve, vous dis-je,
Qu'un bon Français sait se faire respecter.

Prince illustre d'un nom que l'on révère,
Comme son oncle il fera son chemin ;
Il prouvera à la classe ouvrière
Que lui seul sera son soutien.
Je veux, dit-il, que l'ouvrier vive,
De son salaire, son unique soutien ;
Et d'un seul mot que tout le peuple dise :
Napoléon va nous tendre la main.

Peuple chéri, non jamais de ma mémoire
Ne sortira le souvenir de vos bienfaits,
Et pour vous seul je trouverai ma gloire
En me faisant soutien des bons Français ;
Je consacrerai toute ma vie entière,
Pour la défense et le maintien de vos droits,
Et l'on dira dans bien peu je l'espère :
Napoléon protège les Français !

Martial VANIN.

LE VIEUX SOUVENIR DU GRAND HOMME.

Je vais encor vous parler du grand homme ;
De lui toujours j'ai le beau souvenir,

Et c'est pourquoi toujours je le renomme,
Jamais son nom ne pourra se ternir.
Ne fallait pas deux fois que l'on le somme,
Rien au combat n'a pu le retenir.

Mais il n'est plus, le preux de Sainte-Hélène.   (*bis.*)
Trop tôt pour nous trouva la mort;
Qu'il était beau, notre grand capitaine,
Que n'existe-t-il pas encor !

De l'univers il était l'invincible,
Faisait trembler les rois dans leurs palais;
Autant que bon, il se montrait terrible,
Au champ d'honneur lui-même commandait;
Au valeureux il se montrait sensible,
De son cordon lui-même le décorait.
    Mais il n'est plus, etc.

Il préférait à tous les édifices
Le champ d'honneur et glorieux combats;
Il visitait aussi tous les hospices,
Et ne prêchait que le bien de l'État.
Il rapporta du Pérou et de Cadix
Des lingots d'or et milliers de ducats.
    Mais il n'est plus, etc,

Quand à Paris il était sur le trône,
C'était vraiment un plaisir de le voir ;
Il parcourait sans que ça vous étonne,
Les ateliers, chantiers, laboratoires,
Chez l'indigent il allait en personne,
Le soulager, sans se faire valoir.
    Mais il n'est plus, etc.

Rappelons-nous qu'un jour, à Sainte-Hélène,
Lorsqu'il prédit que notre France, un jour,
Serait Cosaque, ou bien Républicaine,
Il ne s'est pas trompé dans son discours.
Puisqu'aujourd'hui sa parole est certaine,
A ses hauts faits répétons tour à tour;
Honneur ! honneur au preux de Sainte-Hélène, (*bis*)
Trop tôt pour nous trouva la mort;
Il dort en paix aux rives de la Seine,
Que n'existe-t-il pas encor !

Le Mans. — Imp. de Julien, Lanier et Cᵉ.

LE BALAI.

Refrain.

Le voilà, le voilà,
Cet homme cher à la France,
Digne du grand renom,
Vive Louis-Napoléon !

Le neveu du grand empereur
Se montre avec honneur
Le soutien de la France,
En donnant à tous ses cadets,
Un grand coup de balai
Pour leur récompense.
    Le voilà, etc.

Ils se sont trouvés marrons :
Il fallut pour tout de bon
Vite prendre la porte ;
Il fallait partir au galop,
Vite il n'est pas trop tôt,
Partez, vile cohorte.
    Le voilà, etc.

Ils avaient bien projeté
De le faire sauter,
Sans qu'il s'y attende ;
Mais aussi lui, plus fin que tous,
Il a su parer le coup
En renversant la chambre.
    Le voilà, etc.

Enfin nous l'avons reconnu,
Nous l'avons tous voulu
Pour le bien de la France,
Et il maintiendra nos droits,
Avec de sages lois,
Pour notre indépendance.
    Le voilà, etc.

Amis, pour finir ces couplets,
Il faut chanter le balai,
Fait par la Présidence,
Représentants aussitôt
Vous voilà sur le pot,
Ah ! je ris quand j'y pense.
    Le voilà, etc.

VENGEANCE DES ARABES
ET
Délivrance miraculeuse.

Le navire le *Jeune-Aristide*, partant de Marseille le 1er
janvier 1852, pour se rendre à Alger, ayant à bord 122
personnes, dont 94 passagers, fut assailli par une violente
tempête qui le surprit au passage du golfe de Lion, qui
se trouve au-dessous de l'embouchure du Rhône, ce qui
le força de relâcher à Mahon, où il resta quinze jours
pour attendre le beau temps et radouber le navire, qui
avait essuyé quelques avaries; enfin il remit à la voile le
17. Le ciel était serein, la mer calme; tout faisait présager une heureuse traversée. Mais, vers les quatre heures
du soir, le ciel se couvre, la mer s'agite avec force, les
oiseaux marins font entendre leurs cris lugubres; un funeste pressentiment s'empare de tout l'équipage, car tout
annonçait une terrible catastrophe; tout est en mouvement à bord de l'*Aristide*.

Cependant, le brave capitaine Neyer, avec un calme
apparent, ne cesse d'encourager son monde; mais une
pluie glaciale et abondante absorbe leurs facultés, le vent
souffle avec violence, le tonnerre gronde avec fracas; le
roulis du navire force tous ces malheureux à se tenir
cramponnés pour éviter un choc violent. Dans ce moment
d'anxiété et de souffrance, chacun adressait des vœux
au ciel qui semblait avoir déchaîné tous les éléments
pour cette nuit de douleur; la pâleur de la mort était empreinte sur tous les visages, toutes les horreurs d'une
mort prochaine rendait ces malheureux immobiles de
frayeur; on eût dit une troupe de statues de marbre représentant la Terreur.

M. Lézetier, le digne ecclésiastique, était à genoux,
implorant la miséricorde divine, appelant à haute voix
Notre-Dame-de-Bon-Secours pour qu'elle leur vînt en
aide; mais Dieu les préparait à de plus terribles épreuves, car aussitôt un bruit affreux se fait entendre dans
l'intérieur du bâtiment, aussi prompt que l'éclair, chacun
semble avoir acquis de nouvelles forces et se précipite à
l'endroit d'où est parti ce bruit : ô comble de désespoir!
on s'aperçoit que le navire a touché un rocher, la quille
est entièrement brisée, l'eau pénètre dans l'intérieur; on
court aux pompes, mais inutilement, le navire est près
de s'engloutir, on n'a que le temps de mettre deux embarcations à la mer; chacun s'y précipite en désordre. Au

même instant, le navire s'engloutit et disparait pour toujours.

Voilà donc ces malheureux dans de faibles esquifs, luttant contre tous les éléments déchaînés. Plus de manœuvre, les barques voguent au gré des flots, ils ignorent où ils se trouvent. (Ils étaient au-delà du golfe de Tlemcen).

A dix heures, le temps s'éclaircit, la mer devient calme, une certaine joie semble ranimer ces malheureux épuisés de fatigue, mais n'ayant pas pris de vivres, ils se voient obligés de lutter contre la faim. Ils aperçoivent enfin le rivage, ils s'y dirigent à force de rames, un bruit confus de voix frappe leurs oreilles : ils abandonnent leurs barques après les avoir attachées, et marchent avec toute la vitesse que leur permet leur peu de forces, vers des feux qui semblent leur annoncer la fin de leurs souffrances : à peine sont-ils arrivés à une espèce de bourgade ou tribu nomade, pour y demander du secours, qu'ils se voient assaillis par une troupe de barbares qui, après les avoir reconnus pour des Français, les garottèrent, sans humanité pour leur position. Après leur avoir attaché les pieds et les mains, ils les mirent dans un étroit cachot, où ils étaient comme entassés. Ils les y laissèrent jusqu'au lendemain, ne leur donnant que très peu de nourriture.

Le lendemain matin, jour où devait se passer une scène de crimes et d'horreurs, on les fit sortir du cachot pour les conduire sur la place publique, entourés d'une multitude effrénée de peuple qui les menaçait du geste et de la voix. Le chef de la tribu s'adresse au capitaine Neyer, et lui dit :

Je sais que les Français savent faire la guerre, j'en ai l'expérience, depuis vingt ans qu'ils sont sur notre territoire ; mais aujourd'hui tu vas apprendre comment l'Arabe sait se venger. Tu vois ces poteaux ? eh bien, vous y serez attachés, et ensuite je vous fais arracher les ongles, les dents, couper les doigts des pieds et des mains, le nez, les oreilles ; encore n'est-ce qu'un prélude aux souffrances que je vous prépare. Cependant, il y a un moyen de vous sauver ; le voici : c'est de me jurer que vous prendrez l'habit arabe, que vous servirez parmi nous, que vous abandonnerez la religion catholique pour prendre et suivre celle de Mahomet. Vous allez être reconduits dans votre cachot jusqu'à ce soir, afin de réfléchir sur ce que vous aurez à faire. De deux choses l'une : ou la plus cruelle mort, ou l'espoir de vivre heureux parmi nous, et aller habiter un jour, au milieu des houris, la demeure des vrais croyants. Allez, et que Mahomet vous accompagne !

On conduisit les malheureux dans leur cachot, absorbés

dans leurs réflexions. On conçoit que ces paroles devaient les frapper d'épouvante. Mais, que faire, que devenir? Essayer de fuir quand, au moindre mot, au moindre mouvement, on pouvait les assommer sur place.

Tous les marins et passagers étaient d'avis d'accepter la proposition qui leur avait été faite par le chef de la tribu.

Le capitaine s'y opposait, disant qu'il préférait mourir que de trahir sa patrie. Oui! s'écria M. Lézelier, je préfère mille fois mourir que de trahir Dieu. Oui! nous mourrons, non comme traîtres à la patrie, non comme apostats, mais comme martyrs. Peut-être, s'écria-t-il, notre position n'est-elle pas désespérée. La même main qui nous a sauvés du naufrage peut nous tirer d'entre les mains de ces barbares. Nous nous mîmes tous en prières, faisant le serment de ne pas renoncer à la religion de nos pères; et lorsque le chef de la tribu vint nous voir, il nous trouva inébranlables dans notre résolution.

Tous les préparatifs étaient faits pour notre martyre, le chef de le la tribu était placé sur des nattes pour jouir de cet affreux spectacle; des flambeaux étaient allumés çà et là pour éclairer la scène. A peine sommes-nous arrivés sur la place que le temps s'obscurcit: un ouragan s'élève, la pluie, la grêle tombent avec force; le tonnerre gronde; un éclair sillonne la nue et la foudre tombe sur la tente où sont le chef de la tribu et ses marabouts. Les Arabes voyant la tente de leur chef en feu, accoururent pour porter secours. Aussi prompts que l'éclair, nous brisons nos liens, et avec la force que nous donne le désespoir, nous nous précipitons sur leurs armes qu'ils avaient abandonnées.

Alors une lutte s'engagea: M. Lézelier s'écria de toute la force de ses poumons: Courage, amis, vive la France! vive la foi, et mort aux Arabes.

Les Français, à sa voix, poussèrent de suite le cri unanime de: Vaincre ou mourir! Vive la France! Vive la religion! et aussitôt ils fondirent sur les Arabes. Ces barbares les virent arriver avec tant de courage et d'ardeur qu'ils furent épouvantés. Une partie prit la fuite, 15 morts et 31 blessés furent le triomphe de cette glorieuse bataille. Nous n'avons eu de notre côté que deux blessés et un mort, le nommé Chazé.

Nous nous rendîmes à Tlemcen, où nous laissâmes nos prisonniers pour nous rendre à Mostaganem, et de là à Alger, où l'on fit une procession telle que nous l'avions promise à Notre-Dame-de-Bon-Secours. Un *Te Deum* fut chanté en mémoire de notre délivrance miraculeuse.

Le Mans. — Imp. de Julien, Lanier et C.

LA VIOLETTE.

Partons, douce et coquette,
Partons nous divertir,
Cueillir la violette,
    Ma bergerette,
Cela fait tant plaisir.

Entendant le ramage
De ces petits oiseaux,
Et sous le vert feuillage,
Au son du chalumeau ;
Pour vous, fillettes sages,
En dansant alentour,
Les garçons du village
Chanteront tour à tour :
    Partons, etc.

Un jour, étant à l'ombre,
Le soleil radieux
Me couvrant de son ombre
Me fit voir sous les cieux
Une fleur printannière
Qui, prête à s'effeuiller,
Me fit à ma bergère
Lui dire : va la cueillir.
    Partons, etc.

Pour une violette,
Ah ! quel heureux moment !
Lorsque ma bergerette
Me fit, en souriant,
Voir avec sa houlette
Le lieu charmant, chéri,
Où toutes les fillettes
Vont chanter à l'envi.
    Partons, etc.

Un jour, sous une treille,
Avec mon tendre objet,
Caressant ma bouteille
D'un bleu couleur violet,

Je me vis face à face
De bien jolis tendrons,
Qui, faisant la grimace,
Disaient à nos garçons :

Partez, garçons, fillettes,
Allez vous divertir,
Cueillant la violette,
Sous la coudrette,
Cela fait tant plaisir.

Propriété.   Martial VANIN.

L'ÉLOGE DE MA FEMME.

Air : *Dis-moi, Péters, par amitié.*

Jacquot, mon petit perroquet,
Que j'achetai de confiance,
Loin de briller par son caquet,
Est, je crois, muet de naissance.
De mes jurons, pour l'enjoler,
En vain j'épuise le programme ;
Le drôle ne veut point parler...
C'est le contraire de ma femme.

Mon père en mourant m'a laissé
Quatre arpents de vigne stérile ;
Longtemps à tort j'ai dépensé
Mes soins pour la rendre fertile.
Tous les ans un moutard me vient
Du ciel sans que je le réclame ;
Si ma vigne ne produit rien,
C'est le contraire de ma femme.

Selon notre Ancien Testament,
Au temps passé, l'obéissance
Etait le plus bel ornement
Du sexe ennemi du silence.
Alors, c'était pour un mari
Un heureux temps, je le proclame :
On le laissait maître chez lui...
C'est le contraire de ma femme.

— Voisin, qu'as-tu donc ce matin ?
— Je viens de soigner mon épouse,
Qui m'a traité de libertin ;
Tu sais combien elle est jalouse !

— Heureux coquin, dis-je entre nous,
Ta moitié, redoutant le blâme,
Sans riposter, reçoit les coups !
C'est le contraire de ma femme.

En cachette de l'ennemi,
Un soir, près de jeune conquête,
Ne voulant rien faire à demi,
Vins choisis furent de la fête.
Mais, en véritable étourneau,
J'en fus pour mes frais, car la dame
Ne voulut boire que de l'eau :
C'est le contraire de ma femme.

J'ai certain vin dans mon cellier
Dont l'âge est assez respectable.
Aux grands jours, loin de l'oublier.
Sa présence honore ma table.
Son âge n'est point un défaut,
Vieux vin souvent rajeunit l'âme :
Plus il vieillit et mieux il vaut...
C'est le contraire de ma femme,   A. LOYNEL.

JE N'AI PLUS QU'UN BRAS.

Je fus soldat pour ma belle patrie,
Avec honneur je servis mon pays ;
Dans les combats, en exposant ma vie,
Je poursuivis les traîtres ennemis :
A Mascara une balle me frappe,
Et je tombai croyant à mon trépas ;
Je me disais : c'est ma dernière étape,
Et cependant il me restait un bras.   (*bis.*)

L'on me porta de suite à l'ambulance,
Où je reçus de vifs et prompts secours,
Je me disais, hélas ! ma belle France,
Je ne peux plus te servir en ce jour ;
Mais cependant, quoiqu'il me reste un membre,
O fiers Arabes, n'y revenez pas,
Car ma revanche, je pourrais la reprendre,
Vous le savez : vous me devez un bras. (*bis.*)

Pour ma patrie, en mon orgueil encore,
Aucun Arabe n'a pu me terrasser
En combattant devant le tricolore ;
Mais par malheur, je suis blessé.

Ah! si jamais ma patrie me rappelle,
Je volerais encor dans les combats;
Car un Français doit lui rester fidèle;
Pour elle encore je donnerai mon bras.   (*bis.*)

Mais en quittant le vaste camp d'Afrique,
Dans ma patrie me voici de retour;
Voyez, Messieurs, comme ici je m'applique
A vous chanter quelques couplets du jour.
Allons, Messieurs, ne soyez pas cruels,
Je le vois bien, vous n'êtes pas ingrats;
Car vous voyez que mon sort est rebelle,
Pensez à moi, car je n'ai plus qu'un bras.   (*bis.*)

Par Martial VANIN.

LA MESSAGÈRE.

O toi, charmante messagère,
Toi dont la vue réjouit le cœur,
Pour présent portes à ma mère
Point de bouquet, mais bien des pleurs;
Car pour elle, en voyant mes larmes,
Premier gage de mon repentir,
Mes pleurs auront aussi leurs charmes,
Car elles promettent un meilleur avenir.

Dis-lui, si parfois la souffrance
M'arrache un cri de désespoir,
Que bientôt la douce espérance
Me dit : Enfant, fais ton devoir.
Ici tu dois verser des larmes
Dont ta mère va se réjouir,
Car les pleurs ont aussi leurs charmes,
Puisqu'elles promettent un meilleur avenir.

Sous le ciel pur de la Touraine,
C'est là que je reçus le jour.
Ma mère tu trouveras sans peine,
Car elle pleure nuit et jour.
Hirondelle, calme ses alarmes,
Sur son sein va te réjouir,
De joie je verserai des larmes,
Puisqu'elles promettent un meilleur avenir.

Propriété vendue à Martial VANIN.   TOURNIER.

Le Mans. — Imp. de Julien, Lanier et Cᵉ.

www.ingramcontent.com/pod-product-compliance
Lightning Source LLC
LaVergne TN
LVHW050829200726
843507LV00001B/238